Johann C. Köber

Sichere Börsen Strategien

Mit 20 simplen Grundregeln und
4 unterschiedlichen Strategien
für verschiedene Anlegertypen

FBV

Bibliografische Information der Deutschen Nationalbibliothek:
Die Deutsche Nationalbibliothek verzeichnet diese Publikation in der Deutschen Nationalbibliografie. Detaillierte bibliografische Daten sind im Internet über http://dnb.d-nb.de abrufbar.

Für Fragen und Anregungen:
info@finanzbuchverlag.de

1. Auflage 2018

ein Imprint der Münchner Verlagsgruppe GmbH
Nymphenburger Straße 86
D-80636 München
Tel.: 089 651285-0
Fax: 089 652096

Redaktion: Judith Engst
Korrektorat: Silvia Kinkel
Umschlaggestaltung: Maria Wittek, München
Satz: ZeroSoft, Timisoara
Druck: GGP Media GmbH, Pößneck
Printed in Germany

ISBN Print 978-3-95972-106-6
ISBN E-Book (PDF) 978-3-96092-181-3
ISBN E-Book (EPUB, Mobi) 978-3-96092-182-0

Inhalt

Vorwort

Frei nach Henry Ford ist es ganz einfach, reich zu werden. Man muss nur weniger Geld ausgeben, als man verdient. Wer das schafft, sieht sich zwei zentralen Herausforderungen gegenüber: Wie gelingt es erstens, nicht alles in Form von Steuern und Abgaben abzuführen? Lösungen für diese Frage zeigt mein erstes Buch »Steuern steuern« auf. Auf diesen Seiten möchte ich mich dem zweiten Punkt widmen: Was tun mit dem übrigen Geld? Angesichts der sinkenden Zinsen macht es schon lange keinen Spaß mehr, auf Sparbücher, Festgeld- oder Tagesgeldkonten zu setzen. Selbst wer die Top-Anbieter wählt, schafft in der Regel nicht einmal den Ausgleich der Inflationsrate. Deshalb setze ich schon sehr lange (und erfolgreich) auf Wertpapiere. Wer mir nacheifern will, sollte sich jedoch zunächst mit den Grundlagen beschäftigen. Weil meiner Meinung nach zu viele spekulative Ratgeber à la »Millionär werden in vier Wochen« auf dem Markt sind, möchte ich mit diesem Buch ein realistisches Bild der Börse vermitteln.

Daran hapert es; nicht von ungefähr ist die Börse in Deutschland schlecht beleumundet. Die meisten Menschen hierzulande ärgern sich zwar über die niedrigen Zinsen, schrecken jedoch vor einer Veränderung in puncto Geld zurück. Diverse Kurseinbrüche haben sich ins kollektive Gedächtnis der Deutschen eingebrannt. Wer jedoch die Situation nüchtern betrachtet, entdeckt vor allem die positiven Seiten. Zwar stürzten die Kurse im Jahr 2000 fast ins Bodenlose – drei Viertel verlor der DAX in kurzer Zeit – die Verluste von einst wurden jedoch längst wettgemacht. Diese Achterbahnfahrt der letzten 15 Jahre bestätigt ein Muster, das auch für frühere Börsenphasen charakteristisch ist: Nach Krisen erholen sich die Kurse wieder, und wer die Nerven bewahrt, erzielt am Aktienmarkt weitaus höhere Renditen als mit anderen Anlageformen. Derartige Statistiken kannte ich nicht, als mein

Interesse für Geld und Börse erwachte. Stattdessen war mir schon als kleiner Junge klar, dass ich später einmal Millionär werden möchte. Dieser »Beruf« schien mir absolut plausibel, schließlich eröffnet er die Wege zu vielen schönen Dingen.

Um es mit anderen Worten zu sagen: Mein Ziel war die finanzielle Freiheit. Vor diesem Hintergrund begann ich, mich mit den Rezepten reicher Menschen zu beschäftigen. Eine meiner ersten Erkenntnisse lautete, dass die Reichen ihr Geld nicht auf Sparbuch oder Tagesgeldkonto deponieren. Sie investieren es vielmehr in ihre Firmen oder suchen sich ertragreiche Anlageformen wie etwa Aktien. Zu dieser ersten Erkenntnis gesellte sich noch eine zweite: Ganz wichtig war und ist reichen Menschen, die Kontrolle über ihr Vermögen zu behalten. Sie geben diese keinem Bankberater, sie entscheiden selbst über die richtigen Strategien. Zudem hat sich in den letzten Jahren immer offener gezeigt, dass wir sogar reich sein müssen, wollen wir halbwegs sorgenfrei in die Zukunft blicken. Schließlich leben wir in einer Welt mit sehr vielen Unwägbarkeiten und einer stetigen Umverteilung von Arm zu Reich. Finanzielle Freiheit bedeutet in dieser Situation auch persönliche Freiheit, und diese ist mir sehr wichtig.

Ein Vermögen zu erschaffen, braucht jedoch Strategien. Der Weg dorthin erfordert Zeit und Know-how sowie Beharrlichkeit – das zumindest zeigen die Beispiele, die ich betrachtet habe. Sehr deutlich machen sie zudem, dass alle Aspekte rund ums Geld irgendwie zusammenhängen. Verdienst, Konsumverhalten, Vermögensstrukturierung, Steuern und vieles mehr müssen optimal aufeinander abgestimmt sein, damit ein signifikanter Vermögensaufbau erfolgen kann. Ein umfassendes Finanzkonzept scheint mir daher wichtig, auch deshalb widmet sich dieses Buch nicht ausschließlich der Börse und den passenden Strategien. Es beleuchtet zudem das Drumherum und geht auf die persönlichen und strukturellen Voraussetzungen ein, die der Börsenerfolg zwingend voraussetzt. Denn leider genügt das Wissen über erfolgversprechende Strategien nicht, man muss sie auch anwenden (können).

Welche Strategien zu Ihnen passen oder worauf Sie Ihre Schwerpunkte setzen, müssen Sie dann jedoch selbst entscheiden. Diese Verantwortung kann Ihnen keiner abnehmen. Immerhin sind Sie schon auf dem Weg dorthin; dieses Buch ist ein erster, wichtiger Schritt. Sie finden darin unterschiedliche Herangehensweisen, die die Bandbreite der Möglichkeiten verdeutlichen. Dieses Buch soll dazu beitragen, Chancen sowie Risiken der Börse beurteilen und vor diesem Hintergrund strategisch investieren zu können. Denn letztlich besteht das Geheimnis erfolgreicher Börsenstrategien nur darin, mit der Mehrzahl der Transaktionen Gewinne zu machen und die Verluste zu minimieren. Wer das schafft, wird mit großer Sicherheit finanziellen Erfolg haben. Und genau darum geht es mir: Ich möchte Ihnen diese Sicherheit vermitteln und zeigen, dass sie mit dem persönlichen Know-how zusammenhängt. Schließlich verdienen die meisten von uns ihr Geld nicht so leicht, als dass sie es locker auf den Kopf hauen könnten.

Ich wünsche Ihnen eine spannende Lektüre!

Ihr Johann C. Köber

1. ABSCHNITT
WARUM ES WICHTIG IST, REICH ZU SEIN

Einleitung

Viele öffentliche Diskussionen und auch zahlreiche Gespräche im privaten Rahmen kreisen um den Wunsch, Geld zu haben. Fast jeder Mensch träumt davon, reich zu sein. Allerdings spielt es meiner Meinung nach keine Rolle, ob man möchte oder nicht. Vielmehr müssen wir reich werden, es bleibt uns gar nichts anderes übrig. Diese Behauptung mag Ihnen vermutlich etwas weit hergeholt vorkommen, doch hat sie leider einen sehr ernsten Hintergrund. Denn die sozialen und ökonomischen Strukturen unserer Gesellschaft haben sich in den letzten Jahrzehnten dramatisch verändert. Das Versprechen lebenslanger Stabilität durch eine gute Ausbildung, einen sicheren Beruf und eine auskömmliche Rente gilt immer weniger. Schon heute brauchen viele Menschen zwei oder drei Jobs, um über die Runden zu kommen. Und immer häufiger werden unsere Zahlungen an die Rentenkassen nicht ausreichen, um später ein ausreichendes Niveau der Altersbezüge sicherzustellen. Dazu kommen weitere Herausforderungen: Wir werden stetig älter, und damit steigt die Rentenbezugsdauer dramatisch an. Die westlichen Industriestaaten passen ihre gesetzlichen Rentensysteme jedoch kaum an diese Veränderungen an. Die beschriebene Entwicklung verstärkt sich also noch. Angesichts dieser Situation verwundert es kaum, dass wir pausenlos von der Bedeutung privater Zusatzrenten hören. Doch zeigen die mageren Zustimmungsraten zu Riester, Rürup & Co., wie wenig die Deutschen von diesen Angeboten halten. Und in der Tat belegen viele Untersuchungen, dass deren Erträge eher mäßig ausfallen – das niedrige Zinsniveau und vielfältige Gebühren lassen grüßen. Die Frage nach dem Sinn der beworbenen Produkte ist daher durchaus sinnvoll, und es schadet nicht, wenn wir uns nach Alternativen umschauen. Denn realistisch betrachtet, werden wir immer häufiger von unseren Ersparnissen oder von Erträgen unserer Vermögenswerte leben müssen, wollen wir den Lebensstandard nicht spürbar einschränken. Und diese Schlussfolgerung bedeutet nichts anderes, als dass wir reich sein oder werden müssen.

Bei einigen von Ihnen wird diese Logik vielleicht einen Kloß im Hals verursachen, doch klingen die vorigen Zeilen schlimmer, als sie sind. Schließlich müssen wir in der Regel nichts über den Zaun brechen; und die meisten von Ihnen werden noch mindestens ein Jahrzehnt Arbeit vor sich haben. In dieser Zeit besteht die Gelegenheit, schrittweise vorzugehen und den Vermögensaufbau strategisch zu verfolgen. Leider stellt uns diese Aufgabe vor ein Problem: Derartiges Denken ist sehr abstrakt, und der Mensch ist biologisch und emotional nur ungenügend darauf eingestellt. Die Renditeentwicklung längerfristig zu kalkulieren und eine Investitionsstrategie abzuleiten, fällt den meisten von uns schwer. Es ist daher sehr wichtig, das Bauchgefühl auszuschalten und den Vorsatz »ich werde reich« in einen konkreten Plan zu überführen. Aus diesem Grund enthält dieses Buch nicht nur Börsenstrategien, es widmet sich der inneren Einstellung, gibt den Gefühlen und psychologischen Prozessen viel Raum. Bitte tun Sie die weichen Faktoren nicht als »Gedöns« ab, hören Sie beim Lesen der entsprechenden Kapitel immer wieder in sich hinein und denken Sie darüber nach, wie ihre bisherige Karriere als Börsenakteur verlaufen ist. Wer ehrlich mit sich selbst umgeht, dürfte auf zahlreiche Situationen und Entscheidungen stoßen, die ausgesprochen kontraproduktiv waren. Zudem dürfte eine nähere Analyse meist ergeben, dass nicht die falsche Strategie für Verluste verantwortlich war, sondern das Fehlen einer jeden Strategie oder die Verstöße gegen eine einmal beschlossene. Gesunde Selbstkritik hat noch keinem geschadet. Beruhigend an der Entdeckung eigener Fehler ist: Sie lassen sich in Zukunft vermeiden, und der Imperativ in Bezug auf das Reichwerden verliert seinen Schrecken.

In diesem Klärungsprozess müssen wir uns noch einen weiteren, wichtigen Punkt immer wieder vor Augen führen. Ein Vermögen anzusammeln, ist zwar kein Kinderspiel und an jeder Ecke lauert jemand, der an unser Geld will, doch können wir den Weg dorthin selbst gestalten. Niemand schreibt uns vor, wie wir investieren, wie viel wir sparen oder in welchem Zeitraum das geschehen muss. Wir besitzen also eine große Freiheit, müssen damit jedoch eigenverantwortlich umgehen. Genau hier liegt jedoch der Hase im Pfeffer. Unsere Psyche neigt oft dazu, die Schuld von uns zu weisen. Zu oft beruhigen wir uns mit Punkten, die außerhalb unserer Kontrolle liegen: »Ich konnte keine Gewinne erzielen, der Gesamtmarkt ist abgestürzt.« Oder: »Ich musste mich um meine Mutter kümmern.« All das sind sicher gute Gründe, aber sie helfen nicht weiter – zumal immer passende Ausreden zur Hand sind. Stattdessen sollten wir uns auf Dinge konzentrieren, die wir beeinflussen können. Und wir müssen den individuell passenden Weg finden. Dieses Buch zeigt deshalb ganz unterschiedliche Strategien. Manche benötigen kaum Zeitaufwand und andere ermöglichen oder erfordern ein tägliches Eingreifen. Und weil die Börse keine Einbahnstraße ist, behandelt es Möglichkeiten, von steigenden wie von fallenden Kursen zu profitieren. Glücklicherweise existieren Wege, um von jeder Situation und von allen denkbaren Rahmenbedingungen zu profitieren. Zu welchem Zeitpunkt wir welche Richtung einschlagen, hängt ganz allein von uns selbst ab. Jeder Einzelne muss diese Entscheidung fällen. Wer sich auf diejenigen Aspekte seines Vermögens konzentriert, die er kontrollieren kann, treibt das Reichwerden voran. Damit verliert auch das Wort »müssen« aus den vorigen Absätzen einen Großteil seines Schreckens.

Reich zu sein, ermöglicht uns einen Wechsel: Wir müssen nicht mehr für unser Geld arbeiten, sondern wir lassen unser Geld für uns arbeiten. Doch wie lässt sich diese Aufgabe bewerkstelligen? Schließlich bewegen sich die Zinsen auf Tiefstständen, und viele Immobilien kosten mehr, als sie jemals erwirtschaften werden. Doch sollten Sie auch bei dieser Gelegenheit in sich hineinhören und sich mit der Anlageklasse beschäftigen, die Ihnen am meisten liegt und bei der sie sich am besten auskennen. Bevorzugen Sie Immobilien und haben Sie gute Erfahrungen damit gemacht, bleiben Sie dabei. Sind Sie nicht sicher, analysieren Sie die Optionen, bevor Sie investieren. Ich habe diese Entscheidung getroffen, mein Favorit ist eindeutig die Börse. Für mich bietet sie den besten und sichersten Weg, Vermögen zu generieren. Vielen Lesern mag das Wort *sicher* im Zusammenhang mit der Börse eher widersinnig vorkommen. Aktien gelten als spekulativ und ungeeignet für die sichere Geldanlage – insbesondere im Vergleich zum Sparkonto oder zu festverzinslichen Anlageformen. Dass diese Einordung ihre Schwächen hat, zeigt sich jedoch schnell bei einem Blick hinter die Kulissen des Geldes. So sollte jedem klar sein, dass (Bar-)Geld nur eine Wertzuschreibung darstellt. Die Entscheidung, dass wir für einen Euro oder einen Dollar bestimmte Gegenwerte kaufen können, liegt bei den Notenbanken und damit letztlich bei Staaten oder Regierungen. Die Geschichte hat oft genug gezeigt, dass diese Zuschreibung nicht immer funktioniert hat. Schon viele Währungen verloren ihren Wert komplett, und auch heute findet ein permanenter, schleichender Wertverlust statt – in Form von Inflation. Zinsen in Höhe von einem Prozent bedeuten bei einer Inflation von zwei Prozent nichts anderes als einen jährlichen Wertverlust jeder Banknote und jeder Münze von einem Prozent. So außerordentlich sicher sind Bargeld und Sparbuch offensichtlich doch nicht. Hereinfallen kann auch, wer Geld oder Gold im Bankschließfach deponiert. Denn im Fall einer Bankenpleite oder auch, wenn die Regierung bestimmte Restriktionen beschließt, kann der Zugriff verwehrt sein. Unwahrscheinlich? Denken Sie an Zypern, derartige Maßnahmen gab es sogar schon innerhalb der EU. Hundertprozentige Sicherheit existiert übrigens auch nicht bei Anleihen. Diese beruhen auf dem Versprechen, das geliehene Geld in einem bestimmten Zeitraum zurückzuzahlen und es zudem noch zu verzinsen. Ob es tatsächlich dazu kommt, lässt sich vorab kaum garantieren. Ganz besonders gilt diese Warnung vor dem Hintergrund weltweit exorbitant hoher Staatsschulden. Denn die Verschuldung betrifft keineswegs nur die viel gescholtenen »Südländer«. Ganz im Gegenteil: Gerade die USA oder Japan haben Besorgnis erregende Schuldenberge aufgetürmt.

! Die erste Grundregel: Es gibt keine sichere Geldanlage!

Was ist mit Aktien oder anderen börsengehandelten Wertpapieren? Selbstverständlich existieren Gefahren. Doch verfügen Unternehmen wie Siemens oder BASF über eine längere Geschichte als Euro oder D-Mark; sie haben Krisen und Weltkriege überdauert. 100 Reichsmark oder eine deutsche Staatsanleihe von 1923 sind längst wertlos geworden, Siemens-Aktien dagegen werden seit 1899 gehandelt und stellen noch heute einen Wert dar. Der Grund für diese Widerstandsfähigkeit: Während Geld lediglich Werte repräsentiert und einen Konsens über diese Wertzuschreibung benötigt, stellen Aktien konkrete Sachwerte dar. Schließlich verfügt (fast) jede Firma über Gebäude, Produktionsstätten, Waren und vieles mehr. Dem Aktionär gehört ein Teil davon, und es ist Regierungen nicht so einfach möglich, dieses Eigentum zu verwässern oder gar zu konfiszieren. Sicherheit ist also immer relativ, gleichgültig ob es sich um das Sparbuch handelt oder um eine Aktie. Nicht in diesen Vergleich aufgenommen habe ich Gold oder andere Edelmetalle. Diese gelten zwar gerade in Krisenzeiten als sicherer Hafen, doch verfügen sie meiner Meinung nach über einen gravierenden Nachteil: Sie bringen keine Rendite, sie arbeiten nicht für uns. Außerdem lässt sich ein Wertzuwachs von Gold & Co. nur schwer prognostizieren. Einen nennenswerten Beitrag zur Vermögensbildung werden sie daher kaum leisten. Aus meiner Sicht eignen sich vor allem Aktien dafür, ein eigenes Vermögen zu erschaffen oder es zu vermehren. Das gilt auch deshalb, weil sie sehr schnell, unkompliziert und kostengünstig zu haben sind. Ein Depot bei einer Bank und ein Mausklick reichen aus, schon gehört uns die gewünschte Aktie. Damit ist sie anderen Sachwertanlagen deutlich überlegen. Bei Immobilien oder Kunst zum Beispiel sind Wertermittlung, Kauf und Abwicklung sehr viel komplizierter. Zudem fallen meist sehr hohe Transaktionskosten an. Für Aktien hingegen existiert stets ein eindeutiger Preis, die Wertermittlung erfolgt absolut transparent. Wir können zu jeder Zeit Angebot und Nachfrage genau nachvollziehen. Auch lassen sich Aktien fast jederzeit kaufen sowie verkaufen, und mit wenigen Euro an Gebühren sind wir dabei.

Die Einstellung zählt

Die Rahmenbedingungen für den Börsenhandel sind also sehr gut, trotzdem schrecken die meisten Deutschen vor Aktien & Co. zurück, und viele sind frustriert aufgrund ausbleibender Erfolge. Verantwortlich für dieses Negativ-Image sind vor allem falsche Erwartungen und eine unpassende Einstellung. Viele von uns müssen zunächst eine Veränderung herbeiführen. So ist es hilfreich, wenn die Beschäftigung mit Geld Spaß macht. Dieser Spaß lässt sich selbstverständlich nicht einfach so verordnen, doch können sich die Potenziale und Ergebnisse der in diesem Buch beschriebenen Strategien durchaus sehen lassen. Und auf dieser Basis ändert sich häufig auch das eigene Bewusstsein. Jedem von Ihnen sollte zudem bewusst sein, dass sich weder die Schaffung eines Vermögens noch die Veränderung der eigenen Einstellung von heute auf morgen bewerkstelligen lässt. Wer nicht bald schon wieder frustriert aufgeben will, sollte langsam vorgehen und auf realistische Wegmarken setzen. Mit den ersten Erfolgen – und seien es nur Lernerfolge – wächst die Motivation für die weiteren Etappen. In dieser Situation werden viele von Ihnen allerdings auf gewisse Vorbehalte Ihrer Umgebung stoßen. Denn eine gewisse Abneigung gegen Geldangelegenheiten ist weit verbreitet, die Beschäftigung damit gilt vielen Menschen allenfalls als notwendiges Übel. Lieber aber verdrängen sie diese unliebsame Aufgabe.

Doch oftmals sind wir mit noch weitaus extremeren Einstellungen konfrontiert: Geld gilt nicht nur als unfein, sondern viele Menschen bekunden sogar im Brustton der Überzeugung, dass sie keine Zeit dafür haben, sich um ihre Investments zu kümmern. In diesen Situationen stellt sich mir jedoch die Frage, wofür jemand überhaupt mehr Geld über den persönlichen Bedarf hinaus verdienen will. Wer keinen Plan dafür hat, braucht auch keinen zusätzlichen Verdienst. Denn das Geld wird ohnehin wieder verschwinden. »Dinge« wachsen nur in die gewünschte Richtung, wenn wir uns darum kümmern. Das gilt für Topfpflanzen und Kinder genauso wie für unser Vermögen. Und noch weitere Fragen ergeben sich aus dem vermeintlichen Zeitmangel: Wie viele Stunden pro Tag verbringt jeder Mensch mit der Arbeit? Und welches Verhältnis von Aufwand und Ertrag liegt dem zugrunde? Nehmen wir an, dass acht Stunden pro Tag einen Jahresverdienst von 50.000 Euro ergeben. Der Zeiteinsatz ist also gewaltig, wir verbringen ein Drittel unserer Lebenszeit im Job. Deutlich effektiver sind Investments. Wer gelernt hat, eine vernünftige Rendite zu erzielen, kann mit wenigen Stunden pro Woche oder Monat hohe Einkünfte generieren. Und dazu soll angeblich die Zeit fehlen? Dieses Argument scheint mir widersinnig zu sein.

Die geschilderten Einstellungen führen dazu, dass die Ersparnisse bei der Hausbank bleiben, der Berater sucht einige Fonds aus, und unterm Strich springen zwei oder drei Prozent Rendite pro Jahr heraus. Doch bei der Geldanlage ist es wie beim Thema Steuern: Wer die Verantwortung dafür aus der Hand gibt, muss im wörtlichen Sinne dafür bezahlen. Ein nachhaltiger und spürbarer Vermögensaufbau ist so gut wie ausgeschlossen, die genannten zwei oder drei Prozent Rendite werden kaum ausreichen. Wer seine klassischen Einnahmequellen wie Gehalt und Co. langfristig und spürbar ergänzen will, braucht also alternative Wege. Nötig sind Strategien, um die eigenen Ersparnisse besser anzulegen. Diese gibt es, allerdings erfordern sie Know-how und die Bereitschaft, sich mit dem Thema Geld zu beschäftigen. Sie müssen bereit sein, Ihre Zeit dafür zu opfern. Ich erwähne diese Bereitschaft explizit, weil Sie kaum Erfolg haben werden, wenn die richtige Einstellung zur Geldanlage fehlt. Dies gilt auch, weil es durch alle Gesellschaftsschichten hindurch geradezu schick ist, mit der eigenen Unkenntnis in puncto Mathematik zu kokettieren. Was Literatur, Geschichte oder Musik angeht, bekennen sich die meisten zum Bildungsbürgertum, aber gleichzeitig haben viele dieser Menschen kein Problem damit, den Mathe-Loser zu geben. Doch wer aus lauter Anti-Mathe-Überheblichkeit versäumt, die vermeintlich todsichere Empfehlung des eigenen Vermögensberaters oder Bankers nachzurechnen, sollte sich über rote Zahlen im eigenen Depot nicht wundern. Denn im Grunde unterscheidet sich die Geldanlage nicht vom Autofahren oder Fliesenlegen: Wer ohne die nötigen Kenntnisse anfängt, macht Fehler. Nicht umsonst dürfen wir nur mit Führerschein am Steuer sitzen, und jeder Handwerker geht einige Jahre in die Lehre. Auch der Vermögensaufbau und das Engagement an der Börse machen Arbeit und erfordern Know-how. Der Begriff »passives Einkommen« trifft leider nicht zu. Je mehr Erfolg oder Rendite Sie anstreben, desto mehr Aufwand ist in der Regel erforderlich. Deshalb sollten Sie bereits zu Beginn Ihrer Börsenkarriere entscheiden, welche Ziele Sie anstreben. In welchem Zeitrahmen wollen Sie welches Vermögen ansparen? Wie viel Zeit können Sie dafür pro Tag, pro Woche oder pro Monat erübrigen, und mit welchem Betrag können Sie starten? Dazu kommt ein weiterer, zentraler Fragenkomplex zu den Aktivitäten an der Börse – dieser existiert übrigens auch im Zusammenhang mit allen anderen Geschäften: Kennen Sie die Risiken und wollen Sie diese eingehen? Von der Beantwortung dieser Fragen hängt ab, welche finanzielle Strategie sich für Sie eignet.

Vor jeder Transaktion und jedem Geschäft steht also die Introspektion. Wir müssen in uns selbst hineinschauen und uns fragen, wie wir in puncto Finanzen ticken. Bitte seien Sie ehrlich mit sich! Alle Begeisterung für eine Strategie aus diesem Buch und alle hehren Ziele nützen nichts, wenn die nötige Konsequenz bei der Umsetzung fehlt. Fast immer endet die Euphorie im Frust, und am Ende bleibt weniger Geld als am Anfang. Eines möchte ich nochmals betonen: Ich gebe bei der Analyse der Verhaltensweisen keine Wertung ab. Es geht nicht darum, ob beispielsweise Geldausgeben »gut« oder »schlecht« ist. Ich zeige in diesem Buch lediglich Wege auf, wie Sie mithilfe der Börse zu einem größeren Vermögen kommen. Und alle Schlussfolgerungen treffe ich vor diesem Hintergrund: Ist eine bestimmte Verhaltensweise dazu geeignet, Vermögen anzusammeln? Und dabei geht es zunächst vor allem darum, den richtigen Weg für sich selbst zu finden. Hinweise auf die eigene Einstellung und auf das eigene Verhältnis zu Geld finden Sie in Ihrem Handeln der vergangenen Jahre. Oft wird es an dieser Stelle gleichermaßen spannend und frustrierend. Haben Sie jemals Ihre finanziellen Verhaltensweisen über zwei Jahre hinweg genau beobachtet und analysiert? Die Einnahmeseite ist meist schnell beschrieben, Gehalt und vielleicht noch Kapitaleinkünfte lassen sich problemlos identifizieren. Weitaus schwieriger, aber auch erhellender, ist der Blick auf die Ausgaben. Denn dieser gibt Aufschluss darüber, wie Sie finanziell ticken. Wer trotz vernünftiger Einkünfte keine Sparquote erzielt und wem zudem die Rücklagen fehlen, bekommt garantiert Schwierigkeiten beim Vermögensaufbau und sollte analysieren, wie sich diese Situation ändern lässt. Oft finden sich auf der Ausgabenseite »Leichen im Keller«, beispielsweise langlaufende Lieferverträge oder Abos von Einrichtungen, die längst nicht mehr genutzt werden. Hilfreich ist es in solchen Fällen, alle Ausgaben eines Jahres aufzuschreiben – bitte auf ein Blatt Papier, damit es schwarz auf weiß sichtbar wird – und sehr kritisch zu prüfen. Auch wenn sich nur 50 Euro pro Monat sparen lassen, bedeutet dieser Schritt einen wichtigen Anfang zu einem geschärften Bewusstsein in puncto Geld. Die Einstellung ändert sich! Man kann Ziele definieren und sich weiterentwickeln. Denn eines ist ganz wichtig: Wer klein anfängt, muss nicht klein enden. Und wie alles im Leben, muss man auch den Umgang mit Geld lernen. Leider kommt das finanzielle Know-how viel zu kurz in unserer Gesellschaft, obwohl das Geld eine zentrale Rolle spielt. Lerneinheiten zu den Grundprinzipien des Haushaltens oder zu den Mechanismen des Geld- und Bankwesens fehlen in der Schule fast völlig. Deshalb sind wir hauptsächlich davon geprägt, was wir im Elternhaus und von unserer nächsten Umwelt erfahren. Zudem hinterfragen wir diese gelernten Verhaltensmuster nur selten und agieren ganz automatisch in der gleichen Weise wie unser Umfeld. Wir können auch in puncto Geld kaum aus unserer Haut heraus, egal wie sich die aktuelle Situation darstellt. Ein Schlaglicht auf diese Mechanismen werfen übrigens diverse Studien zu Lottogewinnern. Gewinnen »arme« Menschen große Beträge, fließen diese meist zu 100 Prozent in den Konsum, und all die Träume sind sehr schnell dahin. Hinterher sind diese Personen ärmer als zuvor. Es fehlen schlicht die Strategien, wie sich ein Vermögen halten lässt. Doch genau diese sind zwingend erforderlich, wollen wir finanziell unabhängig werden und dann auch bleiben. Der angesprochene Erfahrungshintergrund ist zudem sehr stark von emotionalen Faktoren bestimmt, beispielsweise beeinflussen Ängste unser Verhalten in puncto Geld. Weil dieser Einfluss sehr groß ist, enthält dieses Buch ein eigenes Kapitel mit einem umfangreichen Einblick in die Psychologie der Börse.

Lehrreich in diesem Zusammenhang ist ein Blick auf die Verhaltensmuster reicher Menschen. Diese legen zum einen sehr großen Wert darauf, ihr Geld zu investieren. Und eine Investition besteht eben nicht aus einem schicken Auto oder dem stets neusten Smartphone. Investieren heißt: Das eigene Geld so anlegen, dass es Erträge erwirtschaftet. Zum anderen strukturieren die Reichen ihr Geld so, dass ein Vermögenszuwachs überhaupt möglich ist. Dafür versuchen sie die optimalen Rahmenbedingungen zu schaffen. Fast alle vermögenden Menschen verfügen beispielsweise über Firmen, Kapitalgesellschaften oder Stiftungen. Damit lassen sich zum Beispiel die steuerlichen Potenziale ausschöpfen und Kosten deutlich besser absetzen. Wo beispielsweise Auto oder Telefon das Privatvermögen belasten, vermindern sie in der Firma die Steuerlast und zeitigen damit sogar positive Auswirkungen. Ohnehin ist es möglich, sehr viele Ausgaben steueroptimiert zu strukturieren und damit den persönlichen Geldbedarf zu senken. Wer nur so viel »abzweigt«, wie er zum Leben benötigt und den Rest investiert, wird in der Regel sehr schnell einen beachtlichen Vermögenszuwachs erzielen. Mit Hilfe der Börse – oder anderer Investitionen – finanziell unabhängig zu werden, erfordert also den passenden Rahmen sowie die richtige Einstellung. Und diese umfasst das gesamte Verhalten jedes Einzelnen von uns im Hinblick auf die eigenen Finanzen. Wenn wir unsere Einnahmen und Ausgaben nicht dauerhaft optimieren und die finanziellen Mechanismen dahinter nicht kennen, helfen auch Lottojackpot oder Aktienkursexplosion wenig.

! Die zweite Grundregel: Von den Reichen können wir viel lernen!

Egal ob es um die Einstellung, um Gefühle oder um das Know-how geht: Wer sich intensiv mit den Themen Geld und Börse beschäftigt, macht Erfahrungen. Vor deren Hintergrund lassen sich immer komplexere Strategien anwenden und die Renditen damit stetig steigern. Damit erklärt sich auch das Konzept dieses Buchs. Es soll einen sehr breiten Querschnitt von ganz einfachen und risikoarmen Strategien für den Anfänger bis hin zu hoch komplexen und risikobehafteten Strategien für erfahrene Anleger aufzeigen. Mein Kalkül dahinter ist ganz einfach: Wer die ganze Bandbreite an Möglichkeiten kennt und auch praktische Hinweise zu ihrer Umsetzung erhält, kann sich selbst besser verorten. Er kann abschätzen, in welchem Bereich des Spektrums er momentan steht und gleichzeitig ermessen, wo er gerne stehen möchte. Diese Perspektive und die gesetzten Ziele sollen es jedem Leser ermöglichen, konsequent Erfahrungen zu machen und Wissen anzuhäufen. Der Weg zum eigenen Vermögen und zur finanziellen Freiheit erfordert viele Schritte. Dabei gilt auch an der Börse: Das Handwerk bildet die Grundlage für gute Arbeit. Nur wer weiß, was er tut, wird Erfolg haben. Ich kann es nicht oft genug betonen: Gerade beim Thema Geld kommt es meiner Meinung nach entscheidend auf das Know-how an. Wer seine Ersparnisse hart erarbeitet hat, sollte sie nicht leichtfertig aufs Spiel setzen. Denn wir wissen alle, wie schnell wir einen Fehler machen – zumal der Klick auf den »Kaufen«-Knopf sehr schnell und problemlos vonstattengeht. Das Handwerk in diesem Sinne umfasst daher die Analyse des jeweiligen Assets, des Kaufprozesses und die Einbettung in die Gesamtstrategie. Eine kleine Unaufmerksamkeit reicht, um ein oder zwei Prozent Rendite zu verschenken.

Häufig haben wir es zudem mit Gegnern zu tun, die jeden Trick kennen. Schließlich kaufen wir unsere Aktien nicht unbedingt Lieschen Müller ab, sondern vielleicht einem milliardenschweren Hedgefonds-Manager. Und dieser weiß in der Regel sehr genau, was er tut. Damit unterscheidet sich die Börse fundamental von anderen Disziplinen. Wenn wir in unserer Freizeit beispielsweise gerne Fußball spielen, tun wir das meistens im Freundeskreis oder in einer lokalen Mannschaft. Alle befinden sich auf ähnlichem Niveau. Die Börse ist dagegen immer die Champions League. Haben Sie schon mal versucht, Lionel Messi auszudribbeln? Sie sollten es auch nicht tun und stattdessen darauf achten, sich bei jeder Transaktion in eine möglichst vorteilhafte Position zu bringen. Um im Bild zu bleiben: Warum laufen Sie nicht einfach mit einigem Sicherheitsabstand hinter Messi her? Denken Sie stets daran, dass Geld zu verlieren viel einfacher und damit auch wahrscheinlicher ist, als Geld zu gewinnen. Dieser Logik lässt sich nur mit den richtigen Strategien und mit eiserner Disziplin entfliehen – beides möchte ich Ihnen in diesem Buch vermitteln. Wenn Sie jedoch die Regeln beherrschen und auch die Risiken kennen, können Sie Ihre Chancen gezielt nutzen. Erst dann fallen Sie nicht mehr auf falsche Versprechen herein und lassen sich auch vom Bauchgefühl nicht mehr in die Irre führen.

Wohin unser Geld fliesst

Einen kurzen Exkurs möchte ich an dieser Stelle dem ungeliebten Thema Steuern und Abgaben widmen. Denn aus meiner Praxis als Steuerberater weiß ich, dass vielen Menschen nicht wirklich klar ist, wie hoch ihre Abgabenlast in Wirklichkeit ausfällt. Deshalb ist es sinnvoll, Strategien zur deren Senkung in Erwägung zu ziehen. Hier soll es jedoch lediglich um die Geldflüsse gehen, schließlich wollen wir zu einem Vermögen kommen. Festzuhalten ist: Steuern und Abgaben machen den größten Ausgabenposten der meisten Haushalte aus. Zu Buche schlagen nicht nur Lohn- oder Einkommenssteuer und die Sozialabgaben auf dem Gehaltszettel. Einen großen Teil sehen wir gar nicht, etwa den Arbeitgeberanteil zu den Sozialabgaben sowie die Beiträge zu den Berufsgenossenschaften. Jeder Betrieb muss diese Ausgaben zum Bruttolohn seiner Arbeitnehmer addieren, sie gehören strenggenommen zu deren Einkommen dazu. Damit nicht genug. Fast jede finanzielle Transaktion ist mit weiteren Abgaben belastet. Kaufen wir uns etwas zu essen, fällt darauf die Umsatzsteuer an. Lassen wir einen Handwerker kommen, ist auch dessen Lohn mit Abgaben belastet, genauso wie beispielsweise die Spritkosten für die Fahrt von der Werkstatt zu unserer Wohnung. Diese Liste ließe sich unendlich verlängern. Wir können zum einen unser Einkommen steuer- und abgabenoptimiert strukturieren, zum anderen aber auch viele Ausgaben. Wo Möglichkeiten dazu bestehen, sollte man sie auch nutzen. Im erwähnten Steuerbuch stelle ich ein umfassendes Gesamtkonzept vor und am Schluss dieses Buches folgt ein Steuerkapitel, in dem es um die konkreten Steuern auf Aktien & Co. geht. Schon hier bleibt jedoch festzuhalten: Steuern und Abgaben beeinträchtigen uns empfindlich beim Vermögensaufbau, und dieser Tatsache sollten wir uns stets bewusst sein.

Ebenfalls meiner Erfahrung als Steuerberater geschuldet ist der folgende Hinweis: Schon fast reflexartig ärgern sich Normalbürger über die Möglichkeiten großer Konzerne. Vor allem wenn wieder Berichte über Steuervermeidung, Briefkastenfirmen oder Jobverlagerungen in die Medien gelangen, zeigen wir gerne auf die Großen und bedauern uns gleichzeitig selbst, weil wir eben nicht Amazon, Daimler oder IKEA sind und nicht über deren Möglichkeiten zur Steuervermeidung verfügen. Dann zucken wir mit den Schultern und sagen uns, dass wir leider nichts gegen diese Situation tun können und dass der Fiskus eben stärker ist. Doch ist das wirklich so? Diese Frage hat mich schon sehr früh beschäftigt. Wer ein wenig nachbohrt, entdeckt sehr schnell, dass die Antwort darauf nicht so leicht fällt. Zunächst einmal zeigt sich, dass nicht nur Großkonzerne, sondern auch vermögende Privatpersonen ihre Werte anders strukturieren als der Normalverdiener. Sie nutzen unterschiedliche Gesellschaftsformen wie etwa GmbHs und Stiftungen, sie verteilen ihre Finanzströme sehr bewusst, und ab einer entsprechenden Größe sind sie sogar weltweit präsent. Es besteht ein ganz klarer Zusammenhang zwischen Vermögens- und Gesellschaftsstruktur sowie Abgabenquote. Auch sind breit aufgestellte Werte weniger anfällig für wirtschaftliche oder soziale Probleme. Eine Stiftung beispielsweise bietet extreme Sicherheit vor jeglichen Zugriffen des Staates.

Soll wieder einmal eine Branche gerettet werden, lassen sich Giro- oder Sparkonten relativ problemlos anzapfen, ein klug strukturiertes Vermögen dagegen entzieht sich dem Zugriff. Aus diesen Erkenntnissen sollten wir lernen. Drei Punkte scheinen mir ganz besonders wichtig zu sein:

1. Unser Geld muss nicht unbedingt in eine von außen vorgegebene Richtung fließen, wir können es zumindest teilweise an Vater Staat oder anderen »Teilhabern« vorbeileiten.
2. Es existieren diverse Alternativen zum privaten Konto oder Depot. Diese bieten Vorteile in puncto Sicherheit.
3. Viele Zwecke lassen sich in einem alternativen Rahmen deutlich besser verwirklichen – beispielhaft sei die Zukunftsvorsorge genannt.

Das Nachdenken über GmbHs, Stiftungen und andere Gesellschaftsstrukturen gehört meiner Meinung nach unbedingt dazu, wenn wir uns Strategien für den Vermögensaufbau überlegen. Klar ist, dass eine Stiftung keinen Sinn ergibt, wenn es um 10.000 Euro geht. Aber wenn wir 20 Jahre mit dieser Summe arbeiten und jeweils 20 Prozent Rendite erwirtschaften, kommen wir auf ein Vermögen von rund 400.000 Euro. Und in diesen Regionen sollten wir durchaus über eine alternative Strukturierung jenseits vom Privatvermögen nachdenken. Meiner Erfahrung nach bietet es sich daher an, bereits frühzeitig mit dem eigenen Steuerberater zu sprechen und ihm zu erläutern, wie die finanzielle Planung für die nächsten zehn oder 20 Jahre aussieht. Zusammen lassen sich dann die geeigneten Maßnahmen umsetzen.

Unser Geld verschwindet selbstverständlich nicht nur bei Verlusten, und es fließt auch nicht nur an Vater Staat. Vielmehr gleichen sehr viele sogenannte Geldanlagen einem Sieb. Sie besitzen unzählige Löcher, durch die unsere angesammelten Werte langsam, aber stetig ablaufen. Ob es sich nun um die Inflation, um Gebühren, Aufschläge, Kickbacks, Umschichtungen oder was auch immer handelt: Hier ein Zehntel und dort ein halbes Prozent – und schnell fehlen drei Prozent. Die Details werden Sie in den jeweiligen Kapiteln kennenlernen, doch die wichtigste Lektion möchte ich Ihnen bereits hier mitgeben: Glauben Sie niemandem, der behauptet, die Kosten fielen kaum ins Gewicht. Eine zentrale Aufgabe in Ihrer Laufbahn als Börsenakteur wird darin bestehen, nach offenen oder versteckten Kosten zu suchen. Entdecken Sie welche, schauen Sie sich nach Alternativen um. Fast immer hält der Markt Angebote bereit, bei denen Sie Ausgabeaufschlag & Co. vermeiden können. Zwar scheint sich die Belastung durch ein Prozent Kosten kaum auszuwirken, über die gesamte Investmentdauer hinweg gesehen – und in diesem Buch gehe ich oftmals von jahrzehntelangen Zeiträumen aus – kann uns selbst dieses eine Prozent die Hälfte unseres Vermögens kosten. Denn es sollte uns immer klar sein, dass Berater, Vermittler oder andere Plattformen nicht aus Altruismus handeln, sondern ein wirtschaftliches Interesse verfolgen. Ihre Bank will Geld verdienen! Das ist auch ihr gutes Recht, nur sollten Sie sich dessen immer bewusst sein. Dann können Sie die große Auswahl am Markt nutzen und das günstigste Angebot wählen.

> ! Die dritte Grundregel: Fast jeder will an Ihr Geld!

Aus den geschilderten Gegebenheiten habe ich für mich abgeleitet: Es ist für mich unabdingbar, mich selbst um mein Geld zu kümmern. Ich muss selbst die Strategien der Geldanlage lernen und beherrschen. Ich muss eigenverantwortlich investieren. Dann kann ich meine Entscheidungen selbst treffen und bin unabhängig von Beratern und von den Produkten der Finanzindustrie. Ich selbst bin in der Lage, Investitionen zu beurteilen, und ich entscheide selbst. Dabei achte ich auf niedrige Kosten bei

- Kauf einer Investition,
- deren Verwaltung,
- Verkauf einer Investition.

Das Risiko nimmt mir keiner ab. Ich muss es immer selbst tragen. Also muss ich mich selbst informieren und schlau machen. Es gibt keinen anderen Weg.

2. ABSCHNITT
WIE WIR REICH WERDEN KÖNNEN

Wir müssen wissen, worum es geht

Im ersten Abschnitt haben wir gelernt, dass uns kaum etwas anderes übrig bleibt, als reich zu werden – wollen wir von den finanziellen Unwägbarkeiten des Lebens verschont bleiben und unseren Lebensstandard halten. Im zweiten Abschnitt wollen wir uns nun genauer mit dem Weg dorthin beschäftigen. Dabei können wir ganz banal beginnen. Wir müssen uns zunächst einmal dazu entschließen, reich werden zu wollen. Leider klingt diese Feststellung viel einfacher, als sie in Wirklichkeit ist. Nur wer sich bewusst mit diesem Thema auseinandersetzt und die Entscheidung zur Schaffung eines Vermögens aktiv trifft, wird Erfolg haben. Viele Untersuchungen zeigen diesen Zusammenhang auf. Demnach gehört es fast immer zum Erfolg, sich den Weg dorthin vorzuzeichnen. Es braucht einen Plan und die nötige Einstellung – da ist sie wieder. Leider reicht es selten, sich diesen Zusammenhang kurz durch den Kopf gehen zu lassen. In diesem Fall bleibt man gerne unverbindlich und vergisst auch schnell wieder, worum es geht. Damit die eigenen Pläne Bestand haben, sollten Sie Ihre Ziele stattdessen schriftlich festlegen und auch den Weg dorthin mit Meilensteinen versehen. Was klingt wie einst in der Schule, hat vor allem psychologische Gründe. Durch das Niederschreiben verankern sich die Ziele in unserem Bewusstsein. Das trägt dazu bei, schwachen Momenten entgegenzuwirken. Denn von unserem Weg zum eigenen Vermögen abbringen kann uns vor allem die eigene Schwäche. Sie kann zum Beispiel darin bestehen, einige Sparraten für einen verlockenden Urlaub auszugeben oder eine turnusgemäße Überprüfung des Portfolios ausfallen zu lassen. Schleichen sich diese »Ausnahmen« häufiger ein, rücken unsere Ziele in weite Ferne. Damit lässt sich eine zentrale Voraussetzung für den Vermögensaufbau sehr klar identifizieren: Disziplin. Reiche Menschen bestätigen diese Feststellung übrigens fast unisono, wie Befragungen immer wieder gezeigt haben.

Doch wie kann ein Plan zum Reichwerden aussehen? Und wie lässt er sich gezielt umsetzen? Zunächst einmal sollten wir die generellen

Gründe für die Notwendigkeit, reich zu sein, auf die eigene Situation übertragen und überlegen, wie Gegenwart und Zukunft in finanzieller Sicht konkret aussehen (sollen). Wenig sinnvoll ist das Anhäufen von Geld um des Geldes willen. Unzählige Studien zeigen, dass 50.000 bis 60.000 Euro Verdienst pro Jahr bereits das Maximum an einkommensabhängigem Glück bedeuten. Wer mehr verdient, wird auch nicht glücklicher. Aus diesem Grund engagieren sich sehr viele reiche Menschen intensiv für soziale Projekte. Denn Geld führt durchaus zu Zufriedenheit, wenn man es sinnvoll ausgibt. Überlegungen zu den eigenen Zielen sowie zum Sinn und Nutzen eines Vermögens passen daher sehr gut in die eigenen Planungen zum Reichwerden. Zu den Voraussetzungen eines fundierten Plans gehört auch eine Analyse der eigenen Einnahmen. Wie lange werden sie fließen und ab wann sind Kapitaleinkünfte unbedingt erforderlich? Die berufliche Planung hängt eng damit zusammen. Je nach Arbeit ist es beispielsweise möglich, schrittweise von den reinen Arbeitseinkünften zu den Kapitaleinkünften überzugehen. Wer diese Überlegungen anstellt, merkt sehr schnell, dass die Strategie zum Reichwerden auch einen großen Teil der persönlichen Lebensplanung beinhaltet.

Vor diesem Hintergrund möchte ich die Rahmenbedingungen zur Vermögensstrategie nochmals zusammenfassen: Zunächst ist es wichtig, die eigene Persönlichkeit sowie die eigenen Handlungsmuster im Hinblick auf das Geld zu analysieren. Wer sich selbst kennt, kann gezielt den eigenen Fahrplan aufstellen und Maßnahmen ableiten. Existieren zum Beispiel ungeachtet eines guten Einkommens bislang keine Rücklagen? Dann ist es sicher sinnvoll, die Sparrate direkt per Dauerauftrag abzwacken zu lassen. So entsteht erst gar nicht die Versuchung, dieses Geld auszugeben. Oder fehlt noch jegliches Wissen zu Aktien und Optionen? Dann könnten Sie etwa einen Stundenplan aufstellen und jede Woche vier Stunden »lernen«. Warum nicht bestimmte Themen über weitere Bücher vertiefen oder fachspezifische Videos auf YouTube anschauen? Sie werden erstaunt sein, welch hochwertige Inhalte Sie dort kostenlos erhalten. In den Literaturtipps gebe ich auch einige Empfehlungen dazu. Betrachten Sie die Beschäftigung mit Geld einfach wie Sport. Ohne regelmäßiges Training lassen sich in beiden Disziplinen kaum messbare Resultate erzielen. Und warum sollen Sie nur körperlich fit werden und nicht auch finanziell? Jeder muss seinen Trainingsplan jedoch selbst erarbeiten und die Inhalte dafür gezielt auswählen. Ist diese Vorbereitung abgeschlossen, werden Sie vermutlich bereits eine Veränderung verspüren. Denn in der Regel verleihen bereits die Präliminarien einen Motivationsschub, und mitunter besteht sogar die Gefahr, sich zu ambitionierte Ziele zu setzen. Damit es nicht zu Enttäuschungen kommt, sollten diese Ziele jedoch realistisch ausfallen. Wie wäre es zum Beispiel mit folgender Planung für Anfänger: Drei Monate lang beschäftige ich mich intensiv mit »meiner« Strategie und kann die Grundlagen danach aus dem Effeff aufsagen. Erst dann steige ich ein und investiere. Im ersten Jahr reichen 3 Prozent Rendite – vorausgesetzt, ich beginne nicht ausgerechnet in einer Crashphase. Im zweiten sollen diese dann auf 5 Prozent steigen, im dritten meinetwegen auf 10. Währenddessen lerne ich jede Woche mindestens eine Stunde. Seien Sie kreativ und erarbeiten Sie sich Ihren passenden Plan! Nie haben Sie Ihre kostbare Zeit effektiver eingesetzt, das verspreche ich Ihnen!

! Die vierte Grundregel: Legen Sie Ihren persönlichen Plan fest!

Wie viel Geld wir benötigen

Die meisten Menschen legen ihren Traum sehr schnell ad acta, in nicht allzu ferner Zukunft von Kapitaleinkünften leben zu können. Zu hoch erscheint ihnen das Vermögen, das dazu nötig ist. Mit großer Wahrscheinlichkeit geht es Ihnen ähnlich. Fragen Sie sich bitte: Wie viel Geld benötigen Sie, um nie mehr arbeiten zu müssen? Lassen Sie mich raten, mindestens eine Million Euro lautet Ihre Schätzung. Und in der Tat müssten wohl die meisten von uns ihre Hoffnung fahren lassen, wäre tatsächlich ein solcher Betrag erforderlich. Zum Glück täuscht diese erste Schätzung. Klar wird dies, wenn wir das Pferd von hinten aufzäumen. Wie viel Geld brauchen wir für ein sorgenfreies Leben? 50.000 Euro pro Jahr vor Steuer dürften ausreichen, und diese sollen dauerhaft fließen, ohne das Vermögen zu dezimieren. Damit ist meine Definition von finanzieller Freiheit bereits beschrieben: Mein Vermögen muss so gestaltet sein und dazu ausreichen, einen regelmäßigen Cash-Flow in der gewünschten Höhe zu generieren – bis an mein Lebensende und sogar darüber hinaus. Da wir den Zeitpunkt des Todes glücklicherweise nicht kennen, soll die Substanz stets unangetastet bleiben. Sie soll in der erforderlichen Höhe bestehen bleiben oder sogar wachsen, auch wenn ich meinen Lebensunterhalt durch Kapitalerträge bestreite. Diese Forderung ist jedoch gar nicht besonders schwer umzusetzen, wenn wir das nötige Know-how besitzen. Denn dieses Wissen stellt die Voraussetzung dafür dar, die Renditen zu steigern und den Zinseszinseffekt für mich zu nutzen. Bei einer durchschnittlichen Performance von 10 Prozent pro Jahr genügen also 500.000 Euro auf dem Konto. Wer bereits länger an der Börse investiert und dabei auch strategisch vorgeht, weiß, dass sich mit Erfahrung durchaus 15 oder 20 Prozent erzielen lassen. Fast alle reichen Menschen haben ohnehin den Anspruch, jährliche Erträge von mindestens 15 Prozent zu erzielen. So stellt sich das für 50.000 Euro Einkommen pro Jahr benötigte Vermögen bei verschiedenen Anlageformen dar.

<table>
<tr><th>Anlageform</th><th>Rendite</th><th>Benötigtes Vermögen</th><th>Ergebnis</th></tr>
<tr><td>Tagesgeld</td><td>1 %</td><td>5.000.000 Euro</td><td rowspan="3">50.000 Euro p. a. Kapitaleinkünfte</td></tr>
<tr><td>Einfache Börsenstrategie</td><td>5 %</td><td>1.000.000 Euro</td></tr>
<tr><td>Gute Börsenstrategie</td><td>15 %</td><td>333.333 Euro</td></tr>
</table>

Kapitalbedarf für ein Einkommen von 50.000 Euro p. a.

Wer nur eine Minimalrendite von 5 Prozent erzielt, spart schon vier Millionen gegenüber dem Tagesgeld. Bei 15 Prozent und knapp über 300.000 Euro wird es dann für viele von uns interessant. Denn wer gut verdient und nicht erst mit 60 mit dem Sparen anfängt, dürfte irgendwann auf diesen Betrag kommen – insbesondere, wenn er strategisch vorgeht. Niemand braucht also Millionen; eine vernünftige Rendite reicht vollkommen. **Know-how ist viel wichtiger als Geld.** Und genau diese Erkenntnis zieht sich wie ein roter Faden durch dieses Buch. Ich möchte zeigen, dass jährliche Renditen zwischen 10 und 20 Prozent selbst für relative Anfänger durchaus möglich sind. Dazu werfe ich den Blick einerseits auf die Grundlagen von Fonds, Aktien und Optionen. Andererseits möchte ich beispielhaft einige Strategien vorstellen, die ich selbst anwende oder angewendet habe. Selbstverständlich erhebe ich nicht den Anspruch, die besten oder erfolgreichsten zu benennen. Meine Darlegungen sollen vielmehr die Voraussetzung dafür schaffen, dass Sie selbst Ihre passende Strategie finden. Den entscheidenden Faktor kann ich nur nochmals betonen: Sie werden nur dann Erfolg haben, wenn Ihre Börsenstrategie zu Ihrer Persönlichkeit und zu Ihren Zielen passt.

Rendite versus Kosten

Die erwähnten 10 oder gar 20 Prozent Rendite klingen gut, doch sollte sich jeder Anleger mit den Details dahinter beschäftigen. Und damit meine ich nicht die richtige Börsenstrategie, sondern die Berechnung der Rendite beziehungsweise des Ertrages, der tatsächlich unterm Strich übrig bleibt. Denn: Was heißt eigentlich 10 Prozent Rendite? Nehmen wir an, dass am 1. Januar 10.000 Euro in unserem Depot liegen und bis zum 31. Dezember erfreuliche 11.000 Euro daraus werden. Haben wir wirklich eine Rendite von 10 Prozent erzielt? Und warum formuliere ich diese banal klingende Rechnung als Frage? Leider ist die Fragestellung gerechtfertigt, und die Antwort ist schwieriger, als Sie vielleicht zunächst denken mögen. Den meisten von Ihnen wird klar sein, dass der Fiskus noch zu seinem Recht kommen muss – die Kapitalertragsteuer zum Beispiel kürzt unsere 10 Prozent Rendite schon mal um ein Viertel. Und was ist eigentlich mit der Inflation? Offiziell betrug diese im Jahr 2014 knapp 1 Prozent. Die reale Kaufkraft unserer nach Steuer verbleibenden 750 Euro beträgt nur 742,50 Euro. Ehrlicherweise müssen wir die Preissteigerung bei all unseren Rechnungen berücksichtigen. Fiskus und Inflation eingerechnet, benötigen wir eine Rendite von zirka 13,5 Prozent, damit bei 10.000 Euro Einsatz am Ende 11.000 Euro in unserem Depot stehen. Doch leider ist unsere Rechnung noch immer unvollständig, und nun wird es etwas komplizierter. Nehmen wir an, wir besitzen ein Depot bei einem deutschen Discountbroker und sind recht faule Kapitalanleger. Wir kaufen im Gesamtjahr nur fünf verschiedene Aktien und verkaufen diese wieder – 1.350 Euro plus wären für diese Strategie gar nicht mal schlecht. Doch müssen wir real deutlich mehr Gewinn machen, die fünf Trades kosten schließlich Gebühren. Kauf sowie Verkauf schlagen jeweils mit rund 10 Euro zu Buche, das macht insgesamt 100 Euro. Um unterm Strich eine Rendite von 10 Prozent zu erzielen, müssen unsere Aktien also um 14,5 Prozent zulegen. Noch sehr viel unerfreulicher wirken sich die Gebühren aus, wenn die depotführende Bank unattraktive Konditionen bietet oder wenn sehr viele Transaktionen stattfinden. Bei letzterem macht sich zudem die Steuer unschön bemerkbar, im entsprechenden Kapitel wird das im Detail erläutert. Um das Ganze noch weiter zu verkomplizieren, diesmal allerdings auf positive Weise, dürfen wir eventuelle Dividenden in die Gesamtrenditeberechnung einbeziehen. Wer Gewinne aus der Börse tatsächlich als Beitrag zu seinen Lebenshaltungskosten einkalkuliert oder vielleicht sogar vom Traden leben will, muss eine detaillierte Brutto-/Netto-Rechnung anstellen, wie das bei jedem anderen Einkommen auch erforderlich ist. Erst nach Abzug aller genannten Belastungen kommt der Betrag heraus, der auf dem eigenen Konto verbleibt.

Auf die Zeit kommt es an

In den vorangegangenen Zeilen klang es bereits an, und die meisten Anleger dürften den Zusammenhang ohnehin kennen: Die Börse sorgt vor allem dann für einen spürbaren Vermögenszuwachs, wenn man sich Zeit lässt. Um diese Erfahrung zu untermauern, hat das Deutsche Aktieninstitut (DAI) nachgerechnet. Wer demnach Ende 1970 in den DAX investiert hat, (richtig, den gab es damals noch nicht, die Experten haben den Index nachgebildet), erzielte bis 2016 eine jährliche Durchschnittsrendite von 8,3 Prozent. Auch wer später dran war, kommt ganz gut weg. Ein Einstieg 1980 brachte 9,7 Prozent, 1990 immerhin 8,4 Prozent, 2000 nur 3,7 Prozent und 2010 8,8 Prozent pro Jahr. Immer gerechnet bei einer durchgehenden Haltedauer bis Ende 2016. Der magere Gewinn bei einem Einstieg im Jahr 2000 rührt übrigens vom ungünstigen Einstiegszeitpunkt her, zum Jahrtausendwechsel befanden wir uns im Dotcom-Fieber mit bereits kräftig gestiegenen Kursen. Diese brachen 2001 ein. Und noch eine Erkenntnis der DAI-Forscher: Selbst bei ungünstigsten Einstiegszeitpunkten kam nach mindestens zwölf Jahren Investitionszeit bislang immer eine positive Durchschnittsrendite heraus. Je länger also der Zeitraum, desto geringer das Risiko. Bestätigt werden diese Zahlen von Untersuchungen des Beratungsunternehmens Dimensional Fund Advisors aus den Jahren 1988 bis 2014. Demnach entwickeln sich reine Aktienportfolios besser als solche, die einen Anleiheanteil enthalten. Der große Nachteil bei einer Übergewichtung von Aktien: Ihre Volatilität, also Schwankungsstärke, ist ausgesprochen hoch. Wer kurzfristig denkt, gerät deshalb in Gefahr, schlechte Jahre zu erwischen. So spielt der Zeitfaktor eine entscheidende Rolle bei sehr vielen Börsenstrategien. Nur wer Geduld hat und schlechte Phasen sogar gezielt zum Einstieg nutzt, profitiert von den großen Chancen. Kein Problem, werden viele von Ihnen denken. Wir haben noch viele Jahre vor uns und vielleicht sogar ein wenig Geld auf der hohen Kante, das sich entspannt investieren lässt. Doch kommt es nicht nur darauf an, Zeit zu haben. Viel wichtiger ist es, diese tatsächlich zu nutzen. Denn wie Sie im Psychologiekapitel noch genauer sehen werden, neigen viele Aktienkäufer zu gefühlsgetriebenen und überhasteten Aktionen. Ergebnis davon ist meist ein Depot, das im Minus liegt.

Das Wunder des Zinseszinses

Ausgesprochen positiv arbeitet die Zeit auch deshalb für uns, weil jeder zusätzlich angesparte Euro zur Rendite beitragen kann. Denn sobald er sich im Depot befindet, können wir ihn (re-)investieren. Dieses Prinzip nutzen beispielsweise thesaurierende Fonds; sie legen Dividenden oder andere Ausschüttungen sofort wieder an. Vor allem dank des Zinseszinseffekts ist es möglich, auch mit kleinem oder mittlerem Einkommen ein Vermögen anzusparen und damit finanzielle Unabhängigkeit zu erreichen. Das gilt umso mehr für die in diesem Buch vorgestellten Börsenstrategien, denn sie sollen nicht nur 1 Prozent Rendite pro Jahr erzielen, sondern deutlich mehr. Doch welchen Zeitraum müssen wir überhaupt betrachten? Zunächst einmal sollten wir beim Investieren immer langfristig denken. Auch das Ziel dieses Buchs – vermögend zu werden – erfordert Zeit. Deshalb sollte jeder so früh wie möglich damit anfangen. Das geht meist ab dem Zeitpunkt, ab dem man sein erstes Geld verdient. Dieser Zeitpunkt kann im Alter von 18 Jahren kommen oder erst mit 25. Selbst für einen Vierzigjährigen bleiben noch 27 Jahre bis zum Beginn des offiziellen Rentenalters. Investieren ist kein Sprint, sondern ein Marathonlauf, und Zeit ist der beste Freund des systematischen Investors. Dazu kommt: Auch ein Sechzigjähriger muss langfristig denken, weil seine Lebenserwartung nach heutigem Stand noch mehr als 20 Jahre beträgt. Ältere Menschen dürfen und sollen also ebenfalls langfristig investieren. Das gilt zumindest für den Teil des Vermögens, der nicht in den nächsten zwei bis drei Jahren benötigt wird. Der Zeitverlauf und die langfristigen Entwicklungen sind den meisten Menschen jedoch zu abstrakt, unser Gehirn zieht hier selten die richtigen Schlüsse. Deshalb ist es wichtig, die Ergebnisse ganz konkret zu betrachten. Wie sich eine Rendite von 10 Prozent auf einen Startbetrag von 1.000 Euro auswirkt, zeigt die folgende Tabelle auf S. 38 eindrucksvoll.

Jahr	Betrag	Zinsen
1	1.000,00	100,00
2	1.100,00	110,00
3	1.210,00	121,00
4	1.331,00	133,10
5	1.464,10	146,41
6	1.610,51	161,05
7	1.771,56	177,16
8	1.948,72	194,87
9	2.143,59	214,36
10	2.357,95	235,79
15	3.797,50	379,75
20	6.115,91	611,59
25	9.849,73	984,97
30	15.863,09	1.586,31
Endbetrag	17.449,40	

Wertentwicklung bei 10 Prozent Rendite p. a.

Allein durch Zins und Zinseszins wächst der Anfangsbetrag in 30 Jahren auf mehr als das 15-Fache! Noch besser sieht eine solche Rechnung aus, wenn wir jedes Jahr etwas dazuschießen. Nehmen wir an, wir besitzen bereits 10.000 Euro und schaffen es, jeden Monat bescheidene 50 Euro abzuzwacken und zu investieren. Wieder erzielen wir 10 Prozent Rendite pro Jahr. So sieht die Wertentwicklung innerhalb eines 30-Jahres-Zeitraums aus, wenn die Einzahlung in einer 600-Euro-Rate pro Jahr erfolgt.

Jahr	Betrag	Zins	Sparbetrag p. a.
1	1.000,00	100,00	600
2	1.700,00	170,00	600
3	2.470,00	247,00	600
4	3.317,00	331,70	600
5	4.248,70	424,87	600
6	5.273,57	527,36	600
7	6.400,93	640,09	600
8	7.641,02	764,10	600
9	9.005,12	900,51	600
10	10.505,63	1.050,56	600
15	20.582,49	2.058,25	600
20	36.811,36	3.681,14	600
25	62.948,13	6.294,81	600
30	105.041,65	10.504,17	600
Endbetrag	116.145,82		

Wertentwicklung bei 10 Prozent Rendite und einer Sparrate von 600 Euro p. a. (50 Euro im Monat)

Ganz ehrlich, hätten Sie das gedacht? Mit winzigem Startbetrag, einer geringen jährlichen Sparrate und einer vernünftigen Rendite lässt sich nach 30 Jahren also ein stattliches Vermögen anhäufen. Dies ist nur möglich, weil jeder erzielte Gewinn sofort wieder investiert wird. Zwei Faktoren sind jedoch wichtig, um optimal vom Zinseszinseffekt profitieren zu können: Erstens muss ein möglichst großer Teil des Vermögens in renditestarke Anlagen wandern. Wer lediglich 20 Prozent gut anlegt und auf den Rest die üblichen Tagesgeldzinsen kassiert, verschenkt die Potenziale. Zweitens kommt es darauf an, konsequent zu investieren und zu sparen. Sinkt die Durchschnittsrendite im zweiten Beispiel auf 5 Prozent, kommen am Ende nur 44.185,25 Euro heraus – nicht einmal die Hälfte! Und das, obwohl wir dieselben Einzahlungen vorgenommen haben. Ein Blick auf die Tabelle zeigt zudem, dass die ersten Jahre nur mickrige Zuwächse bringen. Wer ungeduldig ist, läuft Gefahr, an der Gesamtwirkung zu zweifeln, nach dem Motto: »Es kommt doch nichts dabei heraus«. Nichts könnte jedoch weiter daneben liegen! Von der Rendite abgesehen lassen sich damit Zinseszinseffekt und Ansparzeit als die wichtigsten Faktoren auf dem Weg zu einem beträchtlichen Vermögen bezeichnen. Vor allem, wer sich Zeit nimmt und jedes Jahr wieder die richtigen Anlageentscheidungen trifft, wird den Weg zur finanziellen Unabhängigkeit erfolgreich beschreiten.

! Die fünfte Grundregel: Sie brauchen Zeit für die Geldanlage!

Viele Menschen unterschätzen, wie lange sie Zeit zum Geldanlegen haben. Meist wird mit einem Planungshorizont bis zur Rente gerechnet. Aber in Wirklichkeit verbrauchen wir auch nach Antritt des Ruhestands nicht sofort alles angesparte Geld. Auch jenseits der 60 Jahre können wir anlegen, Rendite erwirtschaften und davon leben. Ein heute Vierzigjähriger kann gut und gerne 80 oder 100 Jahre alt werden. Das heißt, sein Anlagehorizont sollte mindestens 40 bis 60 Jahre sein. Deshalb sollten wir gerade auf die langfristigen Auswirkungen achten.

Noch ein Wort zu den Zinsberechnungen oder -voraussagen in Broschüren, Angeboten oder Verträgen, die uns täglich auf den Tisch flattern: Diese haben sich in der Praxis häufig als fehlerhaft erwiesen. Egal ob Sie einen Leasingvertrag abschließen oder ein Tagesgeldkonto eröffnen, die Zahlen der Anbieter sind oft falsch. Ich rechne daher grundsätzlich nach. Bei der schnellen Kontrolle hilft die sogenannte 72er-Regel. Wer die Zahl 72 durch die Rendite in Prozent teilt, erhält ungefähr die Anzahl der Jahre, die es bis zu einer Verdopplung des ursprünglich eingesetzten Betrages braucht.

Zinseszinsberechnung leicht gemacht

Dieses Buch will vor allem Werkzeuge vermitteln und damit die Praxis erleichtern. Ideal für die Berechnung des Zinseszinses ist der HP 12C Financial Calculator, sowohl als klassischer Taschenrechner erhältlich, als auch kostenlos als Programm für den Computer und als App für Smartphones. Dieser Rechner führt Zinseszinskalkulationen auf Basis von fünf verschiedenen Werten durch:

1. Anzahl der Perioden (n): Wie viele Jahre soll investiert werden?
2. Zinsen in Prozent (i = interest): Welche Rendite bringt das Investment pro Jahr?
3. Barwert (PV = present value): Welcher Betrag wird anfänglich investiert?
4. Zahlungsbetrag (PMT = payment): Welcher Betrag wird jährlich investiert?
5. Endwert (FV = future value): Welcher Endbetrag wird erreicht?

Einstellen lässt sich zudem, wie viele Zahlungen jährlich erfolgen und ob die Zinsen am Anfang oder am Ende jeder Periode fällig werden. Wer vier dieser Werte eingibt, erhält den fehlenden fünften auf Knopfdruck – egal, um welchen es sich handelt. Illustrieren lassen sich die Möglichkeiten an einem einfachen Beispiel. Nehmen wir an, eine Aktie erhöht ihre Dividende jedes Jahr um 10 Prozent. In wie vielen Jahren verdoppelt sich die Dividende? Gesucht ist damit die Anzahl der Perioden (n). Wir kennen die Zinshöhe von 10 Prozent, den Barwert mit 1 und den Endwert mit 2 (bei der Eingabe muss ein Minuszeichen vor dem Endwert stehen, sonst funktioniert der Rechner nicht) und weitere Zahlungen finden nicht statt, der Zahlungsbetrag ist also 0. Das Ergebnis: 7,27 Jahre benötigt die Aktie, bis sich ihre Dividende verdoppelt. Nutzen lässt sich der Rechner beispielsweise auch, um die Auswirkungen der Kosten von Anlagevehikeln auf ihre Rendite zu berechnen.

Investments verstehen

Wer investieren will, muss jedoch nicht nur die Renditeberechnung verstehen, die hinter seinem Engagement steckt. Noch viel wichtiger ist es, das jeweilige Wertpapier selbst zu durchschauen und zu wissen, welches Geschäftsprinzip sich dahinter verbirgt. Vordergründig fällt diese Analyse bei Aktien recht leicht: Nach dem Kauf besitzt man einen Anteil am jeweiligen Unternehmen. Soweit können sicher die meisten Aktionäre mithalten. Doch wenn es um die detaillierte Beschreibung der Geschäfte »ihrer« AG geht, kommen viele Menschen gehörig ins Schlingern. Welche Sparten deckt ein Unternehmen ab? Welche Produkte bietet es an? Wie groß ist die finanzielle Potenz? Steigt der Gewinn nachhaltig? Welche Zukunftsstrategien werden verfolgt? Welche Risiken lauern? Diese und viele andere Fragen stellen sich viel zu wenige Aktienkäufer, zumal bei einer derartigen Analyse überraschende Ergebnisse herauskommen können. So denken Sie vermutlich, McDonald's würde sein Geld mit Fast Food verdienen und wäre vor allem eine Restaurantkette. Ein genauer Blick zeigt jedoch, dass der Konzern im Grunde ein Immobilienunternehmen ist. Neben den Gebühren der Franchisenehmer sprudeln vor allem Mieteinnahmen. Denn anders als viele Konkurrenten besitzt McDonald's viele seiner Restaurantimmobilien und vermietet sie an seine Franchisenehmer. Ob mehr oder weniger Big Macs und Co. gegessen werden, wirkt sich daher kaum auf die Unternehmenszahlen aus. Die Gewinne rühren hauptsächlich aus den Mieteinnahmen her. Derartige Überraschungen bieten sich bei vielen Unternehmen, und nur wer weiß, warum und womit eine Firma Geld verdient, setzt langfristig auf das richtige Pferd. Noch mehr Aufwand erfordert es meist, Fonds genauer zu analysieren. Wichtigster Punkt sind die grundsätzlichen Eigenschaften. Handelt es sich um einen offenen oder um einen geschlossenen Fonds? Wo und wie kann man Anteile davon kaufen, und vor allem wo und wie lassen sie sich wieder veräußern? Viele Fonds sind nur auf den Plattformen der Emittenten handelbar, die Liquidität, also Handelbarkeit, ist daher oft beschränkt. Die Erfahrung zeigt, dass Engagements daher auf börsengehandelte Fonds beschränkt bleiben sollten. Zudem lohnt ein Blick ins Kleingedruckte: Welcher Anteil des Kapitals fließt in welche Anlageform, welche Beteiligungen besitzt der Fonds überhaupt und wie hat er sich im Vergleich zum Gesamtmarkt geschlagen?

! Die sechste Grundregel: Kaufen Sie nur, was Sie verstehen!

Zum Schluss der Einleitung möchte ich noch kurz auf einen Sonderbereich eingehen, der die Bedeutung dessen sehr anschaulich illustriert, auch zu verstehen, in was man investiert. Strenggenommen gehört er gar nicht in ein Börsenbuch, jedoch achten viele Anleger erfahrungsgemäß zu wenig auf die Unterschiede zwischen börsennotierten Papieren und solchen, die nicht so einfach handelbar sind. Gemeint sind vor allem Vehikel, die in »angesagte« Schwerpunkte wie Schiffe, Immobilien oder erneuerbare Energien investieren. Erfahrungsgemäß treiben die Emittenten meist einen großen Marketingaufwand, um ihre Produkte unters Volk zu bringen. Bilder und Tabellen beschreiben eindrucksvoll die Qualität der Geldanlagen, und der Käufer erhält detaillierte Berichte und Prognosen zu den Renditen der nächsten zehn Jahre. Nur im Kleingedruckten lässt sich erkennen, dass die Anbieter keinerlei Garantien für diese Versprechen geben. Zudem handelt es sich bei diesen Produkten oftmals um geschlossene Fonds, Anleihen oder Genussscheine. Diese zählen meist zum sogenannten Grauen Kapitalmarkt, bei dem die staatliche Kontrolle weitgehend fehlt. Werbung oder Verkaufsprospekte machen es mitunter schwer, zu erkennen, um welche Art von Anlage es sich überhaupt handelt. Hier heißt es daher: Schauen Sie extrem genau hin! Die nötige Analyse unterlassen viele Anleger auch deshalb, weil viele der Vehikel neben der angeblichen Rendite noch weitere Vorteile versprechen wie etwa eine Steuerersparnis.

In jüngster Zeit sind beispielsweise geschlossene Fonds ins Gerede gekommen, mit denen Wind- oder Solarparks finanziert werden sollen. Eine Gesellschaft übernimmt Bau und Betrieb der Anlagen, bietet jedoch kaum Mitspracherechte, und die Zinszahlung hängt von den erzielten Gewinnen ab. Scheint keine Sonne oder bläst kein Wind, geht der Anleger leer aus. Das Kleingedruckte vieler Vehikel enthält zudem sogenannte Nachrangklauseln. Die Interessen der Anleger stehen also hinter den Ansprüchen anderer Gläubiger zurück. So werden beispielsweise im Falle einer Insolvenz Forderungen von Banken bevorzugt, der Investor erhält erst Geld, wenn der Kuchen weitgehend verteilt ist. Auch wenn ein Investment seriös erscheinen mag, sollten Anleger die Risiken derartiger Investments beachten. Jeder Anteilseigner geht eine unternehmerische Verantwortung ein, diese umfasst auch die Gefahr eines Totalverlustes. Beworben werden Nachrangdarlehen mitunter auch als Fonds, dahinter stecken jedoch sogenannte Genussrechte. Diese locken oft mit garantierten Zinsen, aber auch deren Kleingedrucktes enthält häufig Klauseln, wonach Ausschüttungen vom Gewinn abhängen und Forderungen aus den Genussrechten als nachrangig gelten – siehe oben. Oft kommt dazu, dass die Initiatoren zu Beginn der Laufzeit die »garantierten« Zinsen auch brav ausschütten, um damit genügend Anleger zu ködern. Erst wenn alle Anteile verkauft sind, zeigt sich, ob diese Ausschüttungen nachhaltig waren. Ist dies nicht der Fall und fließen nur noch geringe oder gar keine Gelder mehr zurück, lassen sich die Anteile kaum mehr verkaufen. Vom eingesetzten Kapital sehen die Anleger oft nur einen kleinen Teil wieder. Bei den Renditeversprechen derartiger Vehikel sollte man sich daher immer die Frage stellen, wie sicher ein entsprechend verzinster Gesamtrückfluss über einen Zeitraum von zehn oder mehr Jahren überhaupt ist. Eine zentrale Frage hierbei lautet: Kann ich meine Anteile jederzeit und problemlos wieder verkaufen? Gerade bei den beschriebenen Anlagen ist dies oftmals nicht der Fall. Ich meide diese Vehikel daher.

Was Verluste bedeuten und wie sich Risiken auswirken

Ziel eines jeden Anlegers ist es, mit seinen Transaktionen Gewinne einzufahren. Doch leider klappt dies nicht immer, und niemand wird alle Trades im grünen Bereich beenden – auch ein erfahrener Profi nicht. Das ist auch kein Problem, solange die Gesamtrechnung stimmt. Viel wichtiger ist es deshalb, die Verluste insgesamt zu begrenzen und immer nur einen kleinen Teil des Vermögens den bestehenden Risiken auszusetzen. Denn das Problem mit Verlusten besteht vor allem darin, dass sie uns zurückwerfen. Nehmen wir an, wir besitzen 10.000 Euro und investieren diese in vielversprechende Aktien. Leider haben wir nicht damit gerechnet, dass wieder eine Kreditblase platzt und der Markt insgesamt einbricht. So werden aus unseren 10.000 Euro beispielsweise 9.000 Euro, ein Verlust von 10 Prozent also. Selbstverständlich wollen wir diesen wieder ausbügeln. Doch was bedeutet dies? Um aus 9.000 Euro wieder 10.000 zu machen, reichen 10 Prozent Plus leider nicht aus, damit wären wir nur bei 9.900 Euro angelangt. Um auf den Ausgangsbetrag zurückzukommen, ist stattdessen ein Zuwachs von 11,11 Prozent erforderlich. Wirklich dramatisch sieht eine solche Rechnung aus, wenn unsere Werte um 50 Prozent einbrechen. Welche Performance müssten wir hinlegen, um aus 5.000 Euro 10.000 zu machen? Richtig: 100 Prozent! Diese einfache Rechnung verdeutlicht, welch dramatische Auswirkungen Verluste unseres Portfolios nach sich ziehen. Sie zeigt zudem, dass wir uns mit der Risikosituation unserer Geldanlagen sehr intensiv befassen müssen.

Vor ein Engagement gehört daher Frage, welches Risiko vertretbar ist. Die Antwort darauf fällt uns verhältnismäßig leicht, denn wir können das Problem rein rechnerisch lösen. Schon aus dem Bauch dürfte klar sein, dass wir auf keinen Fall die Gesamtsumme riskieren dürfen und auch nicht so viel, dass der weitere Vermögensaufbau unmöglich gemacht wird. Wir müssen an der Börse wie bei einem Spiel entscheiden, wie viel wir setzen. Nennen wir deshalb jeden Einsatz R wie

Risiko und fragen uns, wie viel R unser Depot verkraften kann. Theoretisch hat jedes Aktieninvestment ein R von 100 Prozent, schließlich sind schon viele Papiere gänzlich wertlos geworden. Eine Bundesanleihe dagegen verfügt über ein weit geringeres R. Vor jedem Trade steht daher die Frage, wie groß das jeweilige R ist und ob es so hoch sein darf. Als Faustregel bei Aktien gilt, dass wir einen Totalverlust von R problemlos verkraften können sollten. Danach müssen immer noch genug Mittel vorhanden sein, um weiter mitzuspielen. Mit wachsendem Vermögen kann damit auch R größer werden. Wenn wir über viele Jahre hinweg Geld anlegen, sollte das verfügbare »Spielgeld« immer mehr werden. Um den Zusammenhang zwischen verfügbaren Mitteln, den möglichen Investments und den daraus resultierenden Risiken begreifbar zu machen, lege ich Ihnen im nächsten Abschnitt ein kleines Spiel ans Herz.

Das Risikospiel

Suchen Sie drei oder mehr Mitspieler und statten Sie jeden mit einem fiktiven Startvermögen von 1.000 Euro aus. Dann nehmen Sie zehn Spielkarten und weisen Sie diesen jeweils bestimmte Gewinn- und Verlustoptionen zu.

Anzahl	Karte(n)	Auswirkung
5	**Zahl**	Verlust des Einsatzes
1	**Bube**	Verdopplung des Einsatzes
1	**Dame**	Verlust des vierfachen Einsatzes
2	**König**	Verdreifachung des Einsatzes
1	**As**	Verfünffachung des Einsatzes

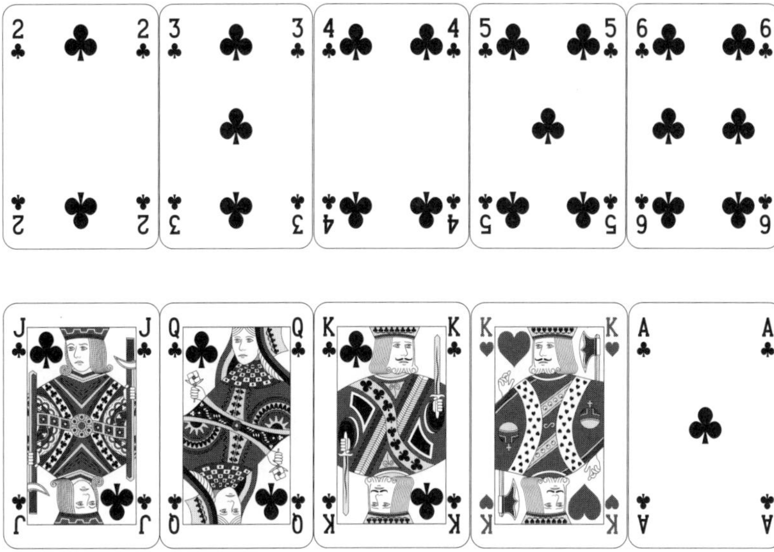

Das Spielblatt, Quelle: © Shutterstock/PandaWild

Nun werden die Einsätze gemacht, jeder darf beliebig viel von seinen 1.000 Euro setzen. Lassen Sie mischen und einen Spieler eine Karte ziehen. Je nach Blatt rechnet jeder Spieler aus, wie viel er gewinnt oder verliert. Setzt A zum Beispiel 500 Euro und eine schwarze Zahl erscheint, muss er 500 Euro von seinem Anfangsbetrag abziehen. Wenn B 300 Euro setzt und die Dame kommt, ist er pleite und damit ausgeschieden (4 x 300 = 1.200). Die nächste Runde startet mit dem übrig gebliebenen Geld. Spielen Sie 20 Runden. Ziel ist eine Verdopplung des Startkapitals. In den 15 Minuten des Spiels werden Sie mehr über Risiken lernen als durch zehn schlaue Bücher. Versprochen!

! Die siebte Grundregel: Machen Sie sich Ihre Risiken bewusst!

Das Spiel zeigt sehr eindringlich, wie schnell ein Totalverlust passieren kann und wie sinnvoll es ist, stets einen ausreichenden Teil des eigenen Pulvers trocken zu halten. Außerdem verdeutlicht es einen zentralen Bestandteil jeder Investmentstrategie: Der Anleger muss sich seines Risikos bewusst sein. Vor jedes Engagement gehört daher eine genaue Berechnung von R. Wenn Sie beispielsweise mit 10 Prozent Verlust des Gesamtportfolios leben können, müssen Sie Ihr Risikomanagement so gestalten, dass ein möglicher Verlust diese Schwelle nicht überschreitet. Das lässt sich bewerkstelligen, indem Sie entweder nur 10 Prozent Ihres Portfolios investieren oder indem Sie Automatismen integrieren, die Positionen automatisch schließen, wenn diese höhere Verluste produzieren. Ganz besonders wichtig ist das Risikomanagement, wenn Sie mit Optionen handeln. Denn dabei können Sie weit mehr verlieren als Sie ursprünglich eingesetzt haben. Die entsprechenden Kapitel verdeutlichen die nötigen Berechnungen.

Die richtige Struktur ist wichtig

Zum Abschluss dieses Kapitels möchte ich noch einige Gedanken zur Aufteilung des vorhandenen Vermögens nachliefern. Denn nicht zu Unrecht gilt die richtige Portfoliostruktur unter Fachleuten als zentrales Erfolgskriterium für den nachhaltigen Vermögensaufbau. Wir haben im Kartenspiel bereits gesehen, was passiert, wenn wir R zu hoch wählen. Diese Erkenntnis lässt direkte Rückschlüsse auf sinnvolle Positionsgrößen zu. Stehen zum Beispiel 10.000 Euro zur Verfügung, können wir diese auf eine Aktie verteilen oder auf 20. Beides sollten Sie eher vermeiden. Es ergibt kaum Sinn, auf ein einzelnes Pferd zu setzen – Ausnahme: Sie kennen ein Unternehmen extrem gut und wissen dessen Potenzial sehr genau einzuschätzen. Zu viele Positionen wiederum kosten überdurchschnittlich Gebühren, und eine ernstzunehmende Recherche ist kaum möglich. Die Erfahrung zeigt, dass Einzelpositionen mindestens 2.000 Euro umfassen sollten. Der oben genannte Betrag sollte also maximal in fünf unterschiedliche Werte fließen. Dazu kommt noch ein weiterer Faktor: Um Risiken gering zu halten, sollten Anleger im Regelfall in mehrere Anlageklassen investieren. Wer keinerlei Rücklagen besitzt außer den genannten 10.000

Euro und diese komplett in deutsche Aktien investiert, geht ein hohes Risiko ein. Denn wie es in der Vergangenheit immer wieder zu Konjunktureinbrüchen, Kursstürzen oder Geldentwertungen gekommen ist, werden wir auch in Zukunft nicht davon verschont bleiben. Wer nennenswerte Renditen erzielen und gleichzeitig die bestehenden Werte vor übergroßen Gefahren schützen möchte, muss sich über die passende Portfoliostruktur Gedanken machen. Eine Diversifikation ist durchaus sinnvoll, so dass ein Teil der eigenen Anlagen auch bei Turbulenzen in manchen Märkten ihren Wert behält. Die richtige Verteilung ermöglicht es, Sicherheit zu schaffen und gleichzeitig mit renditestärkeren Papieren Cashflow zu generieren. Die Rechnung dahinter kennen wir bereits: Ein Verlust von 50 Prozent wirkt sich verheerend aus, wenn er das Gesamtvermögen betrifft. Tangiert er nur ein Fünftel davon, halten sich die Auswirkungen in Grenzen – es gehen gerade einmal 10 Prozent insgesamt verloren. Die Verteilung fällt umso leichter, je mehr Geld zur Verfügung steht. Wir müssen daher auch reich sein, um eine derart verlustresistente Portfoliostruktur aufbauen zu können. Dabei muss die Aufteilung keineswegs in Stein gemeißelt sein, wir können – und sollten sie sogar – unseren persönlichen Rahmenbedingungen und der Marktverfassung anpassen.

Kursbewegung von DAX, S&P 500, Gold und Anleihen

Allerdings klingt die Forderung nach Diversifikation leichter als sie in Wirklichkeit ist, und der Begriff fällt leider viel zu oft unter falschen Voraussetzungen. Das Problem, das dahinter steckt, heißt Korrelation. In den letzten Jahren hat sich gezeigt, dass viele Märkte in einem relativen Gleichklang stehen. Egal ob es sich um Aktien, Rohstoffe oder Anleihen handelt, fast alle internationalen Märkte entwickeln sich ähnlich. So sind beispielsweise in Folge der Finanzkrise 2007/2008 nicht nur die Aktien eingebrochen, sondern auch viele Rohstoffe und Anleihen gingen auf Talfahrt. Zu sehr sind alle Bereiche unserer Wirtschaft miteinander vernetzt. Eine klassische Diversifikation über verschiedene Assetklassen hinweg hilft uns daher nur begrenzt. Immerhin fallen die Bewegungen jeweils unterschiedlich stark aus, so dass wir mit einer klugen Verteilung zumindest einen gewissen Glättungseffekt erzielen können.

Der relative Gleichklang sehr unterschiedlicher Märkte über zehn Jahre hinweg ist im Chart gut zu erkennen, lediglich Gold bildet eine Ausnahme – und zwar vor allem im Anschluss an die Finanzkrise 2008. Hier ist der sehr spekulative Charakter des Edelmetalls erkennbar. Doch ist von den Höhen im Jahr 2011 kaum mehr etwas übrig, der Goldpreis brach in der Folge um die Hälfte ein. Meinem Anspruch nach einer sicheren und langfristig ertragreichen Geldanlage kommt das Edelmetall damit in keiner Weise nach. Ebenso erkennbar ist der sehr gleichmäßige Verlauf von Staatsanleihen, hier vertreten durch den Bund Future, der zehnjährige, deutsche Staatsanleihen nachbildet. Und trotz des Einbruchs nach 2008 schlagen sich die Aktienmärkte im Vergleich gut, wenn auch in einer fast identischen Entwicklung. Der Blick auf den Chart zeigt zudem eines sehr deutlich: Es ist durchaus sinnvoll, gute Kursentwicklungen »spekulativer« Investments wie Aktien abzuschöpfen und in sichere Anlageformen zu transferieren. Und auf genau dieser Vorgehensweise beruht eine der später vorgestellten Strategien.

Wie Bankberatung funktioniert

Wie Kosten und Gebühren die Rendite vieler Fonds dezimieren, haben Sie bereits erfahren. Ein weiterer Grund für die schlechte Performance der Depots von Privatanlegern liegt in der Struktur unseres Bankensystems begründet. So ist Ihr Bankberater in erster Linie seinem Institut verpflichtet. Der Grund dafür ist ganz einfach: Von seinem Kunden bekommt er zunächst einmal kein Geld für die Beratung, ein entsprechender Termin kostet nichts. Doch selbstverständlich sind auch Banken betriebswirtschaftlich denkende Unternehmen, die Gewinne machen müssen. Geld fließt also trotzdem; allerdings geschieht das weitgehend indirekt und unbemerkt. So existiert ein umfangreiches Netz an Provisionen und Gebühren, von denen Bank und Berater profitieren. Wird beispielsweise ein Immobiliendarlehen vermittelt, erhält der Berater in der Regel einen Anteil am Zinsgewinn der Bank. Verkauft er einen Fonds, erhält er auch dafür eine Provision. Im Interesse vieler Berater liegt es daher eher, die Provisionseinnahmen zu steigern, anstatt dem Kundennutzen oberste Priorität einzuräumen. Gerade bei den Kapitalanlagen lässt sich dieser Mechanismus sehr gut studieren. So verfügen viele Banken über eigene Fondsgesellschaften, und sie profitieren finanziell, wenn sie deren Produkte verkaufen. Denn dann landen alle Gebühren im eigenen Dunstkreis, vom Produkt der Konkurrenz profitieren sie deutlich weniger. In der Regel sitzen wir also keinen Beratern gegenüber, sondern Verkäufern. Das Gegenteil wäre die sogenannte Honorarberatung. In diesem Fall bezahlt der Kunde den Berater dafür, das optimale Produkt für ihn herauszusuchen. In Deutschland mit seinen sehr preissensiblen Verbrauchern fehlen derartige Angebote fast vollständig, die Quirin Privatbank bildet eine Ausnahme. Dort bezahlt explizit der Kunde, erhält jedoch die sonst üblichen Provisionen gutgeschrieben. Wie sich daraus eine Strategie ableiten lässt, zeigt das Kapitel »Grundlagen des wissenschaftlich fundierten Anlegens«.

Psychologie und Börse

Bevor es losgeht mit den unterschiedlichen Strategien, machen wir zunächst einen Abstecher ins Reich der Psychologie. Dieses Kapitel steht ganz bewusst davor, weil es die Grundlage bildet für jede Strategie. Kein Engagement an der Börse erfolgt ohne emotionale Begleitung, und jede erfolgreiche Transaktion beruht in großem Maße auf Psychologie. Denn das technische Know-how bildet nur einen kleinen Teil des Erfolgsgeheimnisses. Dieses jedoch dauerhaft umsetzen zu können, stellt erfahrungsgemäß ein viel größeres Problem dar. Auch aus diesem Grund haben wir uns schon in der Einleitung mit der richtigen Einstellung für Börsengeschäfte beschäftigt und wir haben das Thema Psychologie immer wieder angesprochen. Diesen Faden wollen wir nun weiterspinnen und die psychologischen Mechanismen genauer anschauen, die beim Handel mit Aktien & Co. zum Tragen kommen. Dass sie eine wichtige Rolle spielen, sollte sich jeder immer wieder vor Augen halten, der an der Börse engagiert ist. So werden die Einflüsse der Psychologie oft unterschätzt, obwohl sie alle Bereiche unseres Lebens bestimmen – selbstverständlich auch die Finanzgeschäfte. Es lohnt sich deshalb, unsere langjährig gelernten Verhaltensmuster sowie die unterschiedlichen Einflussfaktoren genauer anzuschauen.

Der eigene Fokus

Bereits erfahren haben wir, dass wir reich werden müssen und dass wir uns dazu auf die Bereiche konzentrieren sollten, die wir beeinflussen können. Damit hängt die Frage nach dem persönlichen Fokus eines jeden zusammen. Zahllose Akteure in unserer bunten und schrillen Welt versuchen tagein, tagaus, unsere Aufmerksamkeit auf sich zu lenken. Wir sollen da hinschauen und dort kaufen. Fast jedem Menschen fällt es schwer, sich diesen Verlockungen und Einflüsterungen zu entziehen. Im Hinblick auf unser Ziel sind derartige Ablenkungen jedoch häufig kontraproduktiv. Der Grund dafür ist simpel: Die Nachrichtenflut führt schnell zu Fehlschlüssen, und oftmals werden vermeintliche Sensationen aufgebauscht. Stets besteht die Gefahr, sich von entsprechenden Nachrichten wie an einem Nasenring durch die (Anlage-)Manege ziehen zu lassen, kurzfristig und emotional zu handeln und dabei die langfristigen Ziele und Rahmenbedingungen komplett aus den Augen zu verlieren. Die Informationsflut frisst zudem unsere Energie und bringt uns davon ab, die eigenen Ziele konsequent zu verfolgen. So können sich Anleger meist die Zeit sparen, ständig Wirtschafts- und Börsennachrichten zu verfolgen oder nach herausragenden Fonds zu suchen. Es geht jedoch nicht nur um ein konkret börsenbezogenes Grundrauschen. Vielmehr schaffen es auch sehr viele andere Nachrichten, unsere Vermögensstrategie zumindest unterbewusst zu beeinflussen. Stattdessen sollten wir eher faktenbasiert entscheiden und uns darauf konzentrieren, wie sich unsere Strategie mit möglichst geringen Kosten und wenig Aufwand umsetzen lässt. Sich zu fokussieren, ist die wichtigste Voraussetzung dafür, die überdurchschnittliche Rendite zu vereinnahmen, die der Aktienmarkt langfristigen Investoren bietet.

Wunschdenken und Realität

Ein gewisses Wunschdenken ist Ausgangspunkt der meisten Menschen, die an der Börse spekulieren. Ihnen geht es schlicht darum, Geld zu verdienen. Sie möchten ihrem Arbeiter- oder Angestelltendasein entfliehen und finanziell unabhängig werden. Angelockt von Medienberichten über sagenhafte Gewinnchancen pflegen sie ein Bild, das sich nicht mit der Realität übereinbringen lässt. Denn es ist kaum möglich, in wenigen Wochen oder Monaten aus einigen Tausend eine Million Euro zu machen. Und wo es doch geklappt hat, beruht dieser Erfolg auf denselben Prinzipien wie das Glücksspiel. Auch beim Lotto werden jede Woche ein oder zwei Millionäre geboren – allerdings bei knapp 40 Millionen Spielern hierzulande. Die

Chance ist also verschwindend gering. Nachhaltiger Erfolg an der Börse hat jedoch selten mit Glück zu tun. Vielmehr erfordert erfolgreiches Agieren sehr viel Know-how und damit Lernaufwand. Es ist ein Projekt auf lange Zeit, das mentale Stärke voraussetzt. Krisen und Verluste muss ein Anleger wegstecken können, und jeder sollte bereit sein, aus ihnen zu lernen. Dazu ein wenig Statistik: An der Börse gibt es sehr viel mehr Verlierer als Gewinner. Wie kommen Sie auf die Idee, Sie könnten zur Minderheit der Gewinner gehören? Was macht Sie besonders? Diese Frage muss jeder beantworten können, der gewinnen will oder der vielleicht sogar signifikant besser sein möchte als die Benchmark.

Ängste prägen unser Handeln

Ob es einem Trader bewusst ist oder nicht: Ein Großteil unserer Entscheidungen erfolgt angstgetrieben. Vor allem die Verlustaversion verleitet uns immer wieder dazu, gegen einmal festgelegte Strategien zu verstoßen. Erschwerend kommt hinzu, dass wir Verluste mental sehr viel stärker gewichten als Gewinne. Um ein Minus von 5 Prozent gefühlsmäßig auszugleichen, ist ein Plus in doppelter Höhe nötig – so eine zentrale Erkenntnis von Wissenschaftlern aus den letzten Jahrzehnten. Deshalb nehmen viele Anleger kleine Gewinne vorschnell mit, verkaufen aber Verlustbringer niemals. Die Angst vor Verlusten existiert übrigens nicht nur im Zusammenhang mit bereits existierenden Positionen, sondern auch in Situationen ohne eigenes Engagement. Steigt zum Beispiel ein Markt, investieren viele Menschen überhastet, auch wenn beispielsweise das Einstiegssignal längst verklungen ist. Die Angst, von Gewinnen nicht zu profitieren, wirkt hier als Katalysator. Doch grundsätzlich gilt: Die Angst vor Verlusten oder entgangenen Gewinnen ist ein denkbar schlechter Ratgeber. Denn selbst erfolgreiche Trader schließen einen Teil ihrer Transaktionen mit einem Minus ab, der verbleibende Rest ist jedoch profitabel. Erklären lassen sich unsere Ängste aus der Evolution, sie dienen als Schutz gegen Bedrohungen. Meist entstehen sie unmittelbar aus einer Situation und sie treten zudem unbewusst auf. Die folgenden Handlungen erwachsen ohne Zuhilfenahme der Ratio. Das macht es so schwer, sie zu ignorieren oder zu steuern. Doch lässt sich auch Positives über Ängste sagen: Wie im restlichen Leben helfen sie mitunter auch an der Börse: Sie erhöhen die Aufmerksamkeit. Erforderlich ist lediglich die nötige Disziplin, um bewusst damit umzugehen. Wer vor jeder Aktion einen Abgleich mit seiner Strategie vornimmt, bewahrt sich vor verlustbringenden Schnellschüssen.

Ankereffekt

Einen großen Einfluss auf die Sicht unserer Investments üben auch Vergleichswerte aus. So orientieren sich viele Anleger an willkürlichen Referenzwerten, die wenig bis gar nichts mit der jeweiligen Aktie oder der ursprünglich erdachten Strategie zu tun haben. Beispielsweise wird der Anlageerfolg nach Einflüsterungen von außen bemessen oder an einem unpassenden Vergleich. Wie gut derartige Anker funktionieren, wissen beispielsweise Händler auf einem Basar. Diese starten oft mit einem übertriebenen Einstiegspreis und können dadurch hohe, aber unter dem Anker liegende Preise durchsetzen. Die Verzerrung der Maßstäbe fällt häufig nicht auf, und der Käufer freut sich über ein vermeintliches Schnäppchen. Auch klammern sich viele Anleger an die aktuellen Börsenkurse und nutzen diese als Bewertungsindikatoren für die Performance. Wenn der Markt schlecht läuft, dann »darf« ihrer Überzeugung nach auch das eigene Portfolio ruhig dahindümpeln. Das Ergebnis aller genannten Faktoren ist immer gleich: Wertpapierkäufer lassen ihre ursprüngliche Strategie außer Acht, sie ignorieren beispielsweise festgelegte Verlustschwellen. Anker können zudem andere Faktoren wie Dividenden oder langfristige Potenziale verdrängen.

Herdentrieb

Viele Menschen tun gerne das, was andere ihnen vormachen. An der Börse kann das Schwimmen mit dem Strom ausgesprochen positive Resultate zeitigen. Denn jeder Trend hat die Eigenschaft, sich selbst zu verstärken. Das Muster dahinter ist ganz einfach: Steigt eine Aktie, wollen viele andere Marktteilnehmer daran teilhaben und investieren ebenfalls. Oftmals potenzieren sich derartige Bewegungen, vor allem bei Werten, die gerade en vogue sind. Beispiele dafür sind die Internetfirmen der Dotcom-Zeit, aber auch Unternehmen wie Apple, die aktuell im Aufwind sind. Selbstverständlich gilt diese selbstverstärkende Wirkung auch für fallende Kurse. Dieses Prinzip ist einer der Gründe dafür, weshalb Trendfolgestrategien sehr gut funktionieren – dieses Phänomen werden wir später noch genauer unter die Lupe nehmen. Allerdings trügt die Sicherheit der Masse oftmals. Wer früh einsteigt, kann damit viel Geld verdienen; die Mehrheit kommt jedoch meist zu spät. Kippt dann der Markt, kommt die schon erläuterte Verlustaversion zum Tragen und Anleger klammern sich viel zu lange an ihre Investments, die immer weiter ins Minus rutschen. Doch auch in dieser Situation bietet die Herde Trost, im Verlustfall liefert sie eine wunderbare Ausrede. Die anderen haben es schließlich auch nicht gemerkt und haben gleichfalls Verluste erlitten.

Gier

Ein Paradebeispiel für die Psychologie an den Börsen bot der Neue Markt um das Jahr 2000 herum. Kaum ein Anleger machte sich Gedanken über Werthaltigkeit oder über das Geschäftsmodell der notierten Firmen. Vielmehr verleitete der sagenhafte Kursanstieg immer mehr Menschen zum Kauf von Aktien-Stars wie Broadvision oder EM.TV. Die Gier nach Gewinn verdrängte jegliche Vernunft, kaum ein Anleger blickte hinter die Kulissen der Unternehmen. Wer gierig ist, verpasst zudem leicht den Ausstieg. Auch wenn die Kurse zurückgehen, halten Anleger weiterhin an ihrem Kurs fest – sie haben immer die nächstgrößere Zahl fest im Blick. Die Gier sorgt zudem dafür, dass wir übertriebene Risiken eingehen. Schon viele Anleger wurden angesichts der virtuellen Gewinne in ihrem Depot übermütig und begannen damit, alles auf eine Karte zu setzen. Doch auch wenn eine Aktie in der Vergangenheit extrem angestiegen ist, kann sie schon morgen abstürzen. Wer den Jackpot haben will, verliert meist, und auf Boomphasen zu setzen, ist keine Strategie.

Selbstüberschätzung

Mit der Gier kommt oft die Selbstüberschätzung. Sie tritt vor allem im Zuge hoher (Buch-)Gewinne auf. Gerade wenn es gut läuft, tappen viele Anleger in die Euphorie-Falle. Niemand sollte so viel Geld einsetzen, dass er im schlimmsten Fall ausgelöscht wird – wie es der Börsenjargon gleichermaßen brutal wie treffend formuliert. Auch sollte sich jeder Anleger darüber im Klaren sein, dass er gegen die Besten spielt. Bei jeder Transaktion sitzen Profis am Tisch, und diese nutzen die Fehler, die ein einzelner Gegenspieler macht, gnadenlos aus. Institutionelle Anleger, Fondsmanager oder die vielgescholtenen Händler mit den Millionenboni verfügen über weitaus mehr Erfahrung. Es ist ihr Job, diese Erfahrung bestmöglich einzusetzen. Dazu kommen vermehrt automatisierte Handelssysteme, die ohne menschliches Zutun in Mikrosekunden Entscheidungen treffen und damit Milliarden bewegen. Der sogenannte Hochfrequenzhandel (high-frequency trading, HFT) kann sogar die Kurse beeinflussen. Ein Privatanleger hat keinerlei Mittel, etwas dagegenzuhalten, und dessen sollte sich jeder bewusst sein.

Selektive Wahrnehmung

Meine folgenden Grundregeln dürften die meisten Leser kennen: Sobald ich eine Aktie gekauft habe, fällt sie, und wenn ich sie verkaufe, steigt sie kurze Zeit später. Allerdings sind hier keine dunklen Mächte am Werk, dieses Phänomen ist vielmehr der eigenen Wahrnehmung geschuldet. Denn in den Zeitabschnitten von Kauf und Verkauf richtet sich die eigene Aufmerksamkeit auf die betreffende Aktie, und was andernfalls untergegangen wäre, bestätigt nun ein psychologisches Muster. Auch nehmen wir negative Nachrichten sehr viel stärker wahr als positive. Selbst wenn es sich nur um eine kurze Delle innerhalb eines bestehenden Aufwärtstrends handelt, stellen viele Anleger gleich ihre gesamte Strategie infrage. Zur selektiven Wahrnehmung gehört auch, dass wir unbewusst nach einer Bestätigung der eigenen Meinung suchen und damit andere Fakten ignorieren. Dies lässt sich verhindern, indem wir klare Regeln setzen, mit denen auch negative Entwicklungen abgedeckt sind.

Kontrollillusion und Heimatverbundenheit

Unsere Psyche ist darauf getrimmt, die Begebenheiten in der Umgebung logisch erklären zu wollen. Aus diesen Erklärungen baut unser Geist ein kohärentes Weltbild zusammen und erleichtert es damit, Situationen sehr schnell einschätzen und bewerten zu können. Diese unterbewusste Leistung lenkt uns selbstverständlich und meist gefahrlos durch den Straßenverkehr, doch im Börsenalltag wendet sie sich oftmals gegen uns. So setzen viele Anleger vor allem auf bekannte Namen und Muster. Dieser Fokus erzeugt die Illusion, den Trend zu kennen sowie über deutsche Unternehmen Bescheid zu wissen und somit vorhersagen zu können, dass sie sich gut entwickeln werden. Damit erklärt sich auch die Präferenz hiesiger Investoren für deutsche Aktien. Doch halten beide Annahmen einer rationalen Betrachtung nicht stand. Das große, mediale Echo eines Unternehmens kann einer geschickten Werbekampagne geschuldet sein oder sogar negativen Nachrichten. Und der deutsche Aktienmarkt ist im internationalen Vergleich höchstens eine Randerscheinung.

! Die achte Grundregel: Gier und Angst sind Ihre größten Feinde!

Lehren der Verhaltensökonomik

Viele der beschriebenen Erkenntnisse verdanken wir vor allem den Forschungen aus dem Bereich Verhaltensökonomik, auf Englisch Behavioral Finance oder Behavioral Economics. Dieses Teilgebiet der Wirtschaftswissenschaften untersucht, warum und wie die Menschen im Widerspruch zum weit verbreiteten Modell des Homo oeconomicus agieren. Letzteres besagt, verkürzt dargestellt, dass wir in finanzieller Hinsicht stets auf Nutzenmaximierung ausgerichtet sind und unsere Entscheidungen rational nach Abwägung aller zur Verfügung stehenden Informationen treffen. Die Psychologie fehlt in diesem Modell weitgehend. In der Realität treiben uns jedoch Emotionen wie Angst, Gier und so weiter viel mehr, als die Wissenschaft lange wahrhaben wollte. Doch haben die Erkenntnisse der Verhaltensökonomik zumindest teilweise ein Umdenken bewirkt. Verhaltensökonomen haben vor allem zwei wesentliche Mechanismen identifiziert: Zum einen treffen Menschen ihre Entscheidungen häufig auf Grundlage einer einfachen Daumenregel (Heuristik) und nicht nach einer Analyse aller Möglichkeiten. Zweitens beeinflusst die Einordnung (Framing) einer Entscheidung in äußere Rahmenbedingungen unsere Handlungen. Einen sehr guten Überblick über die psychologischen Prozesse im Zusammenhang mit unserem (finanziellen) Handeln liefert der Wirtschaftswissenschaftler Daniel Kahneman in seinem Buch »Schnelles Denken, langsames Denken«. Der Nobelpreisträger stellt zum Beispiel die verblüffend einfache Frage, weshalb jedem Aktienverkäufer ein -käufer gegenübersteht. Offenbar gehen beide Akteure davon aus, dass der aktuelle Preis unangemessen ist – für den einen ist er zu hoch und für den anderen zu niedrig. Die Einschätzungen der Lage unterscheiden sich im selben Augenblick diametral, obwohl beiden doch dieselben Informationen zur Verfügung stehen und obwohl sich beide im selben Marktumfeld bewegen. In einigem Widerspruch zur Verhaltensökonomik stehen die Erkenntnisse in Bezug auf einige Teile der Theorie der effizienten Märkte. Diese hat in den letzten Jahren erhebliche Risse bekommen. So bezweifeln immer mehr Wissenschaftler eine ihrer zentralen Grundannahmen, wonach die Marktteilnehmer rational handeln. Und in der Tat haben besonders die Finanzkrisen gezeigt, dass die Fakten oft genug nichts bedeuten. Die mangelnde Werthaltigkeit der US-Immobilienkredite war längst bekannt; gebündelt und gekauft wurden sie dennoch. Neben solchen

Spekulationsblasen sprechen auch kalendarische Abweichungen gegen die Effizienzmarkt-Hypothese.

Die Forschung zeigt sehr deutlich, dass Gefühle für einen großen Teil der Bewegungen an den Finanzmärkten sorgen. Diese Erkenntnis gilt auch für Profis, etwa für Fondsmanager. Sie sind davon getrieben, an Trends teilzunehmen und ihren Anlegern damit Gewinne zu verschaffen. Doch führt der »psychologische Investmentzyklus« oft zu Käufen in der Nähe der Höchststände und Verkäufen in der Nähe der Tiefststände. Der Ertrag liegt daher meist unter dem Marktniveau.

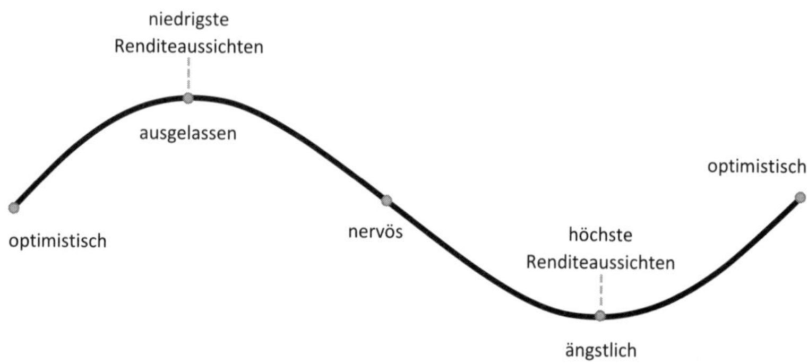

Psychologischer Investmentzyklus, eigene Darstellung, Quelle: Quirin Privatbank

Große Kursschwankungen entstehen häufig aufgrund der emotionalen Reaktionen vieler Anleger. Unterschreiten die eigenen Aktien psychologisch bedeutsame Schwellen, bricht schnell Panik aus. Anleger vertrauen ihren eigenen Annahmen nicht mehr, die zum Kauf des jeweiligen Wertes geführt haben. Die Folge sind hektische Verkäufe – und zwar von sehr vielen Anlegern. So stürzt der Kurs noch weiter ab, und die Entwicklung verstärkt sich selbst. Fundamentale Fakten spielen keine Rolle mehr und in genau diesen Situationen verlieren viele Anleger Geld. Strategisch sinnvoller ist es in der Regel, bei niedrigen Kursen nachzukaufen. Warren Buffett wird so zitiert: »Ich kaufe, wenn die Kurse fallen. Und je tiefer sie fallen, desto mehr kaufe ich.« Ohnehin beruhen viele Börsenstrategien darauf, unterbewertete Aktien zu kaufen oder solche, die ein langfristiges Wertsteigerungs-Potenzial besitzen. Meist laufen diese unter der Überschrift *Value-Strategien,* und einer der bekanntesten Anleger in diesem Bereich ist der bereits zitierte Warren Buffett. Wer nun eine solche Aktie identifiziert und gekauft hat, macht die bereits beschriebene Erfahrung: Sie fällt. Bei wenigen Prozent dürften die eigenen Nerven noch halten; doch was geschieht bei kräftigen Abschlägen? Wenn sich meiner Meinung nach der reelle Wert auf 200 Euro beläuft und ich die Aktie bei 150 Euro kaufe, wie reagiere ich, wenn die Aktie danach jedoch auf 100 und sogar 80 Euro absackt? Zunächst wird jeder seine eigene Rechnung neu aufmachen und prüfen, ob sich die genannten 200 Euro weiterhin halten lassen. Ist das der Fall, schließt die Value-Strategie einen Verkauf aus. Im Gegenteil, der Anleger sollte die niedrigen Kurse für

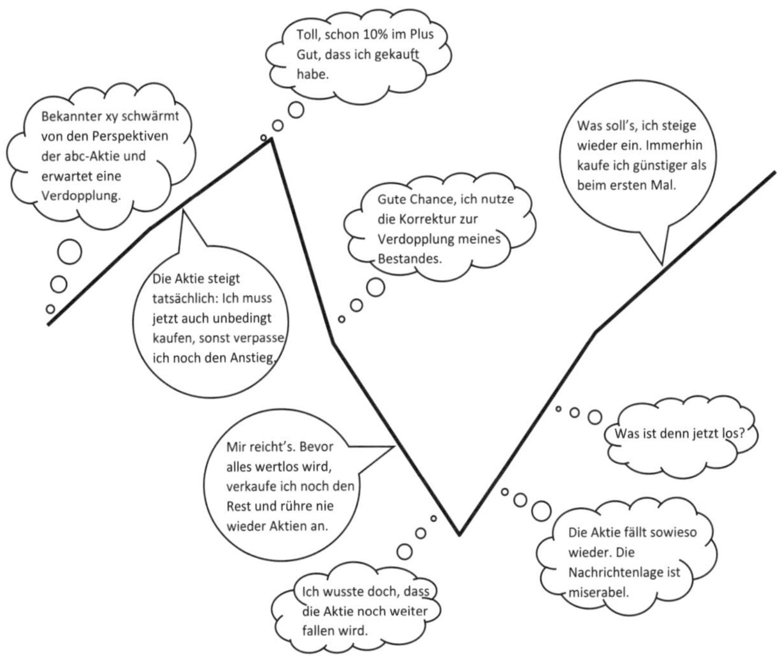

Was sich im Kopf eines gefühlsgetriebenen Anlegers abspielt, eigene Darstellung, Quelle: Quirin Privatbank

Nachkäufe nutzen. Und genau hier unterscheiden sich erfolgreiche Anleger von erfolglosen: Die Erfolgreichen bleiben ihrer Strategie treu und entscheiden aufgrund von Fakten; die Erfolglosen agieren emotional und fallen auf ihre Ängste herein. Dieser Mechanismus funktioniert auch in die entgegengesetzte Richtung: Wenn Kurse sehr stark steigen, will der gefühlsgetriebene Anleger immer mehr, er kauft dann aber meist zu spät und verpasst oft den rechtzeitigen Ausstieg.

Wie Sie erfolgreich agieren

Die vorigen Absätze zeigen sehr deutlich, dass unsere Gefühle die Börsenkurse erheblich beeinflussen. Die fundamentalen Bewertungen ändern sich sehr viel langsamer, als es das Auf und Ab der Börsen uns glauben machen will. Deshalb kommt es stets darauf an, die Emotionen so gut wie möglich zu kontrollieren und die eigenen Entscheidungen zu hinterfragen. Dazu gehören vor allem Selbstdisziplin, Geduld und mentale Stärke. Denn ganz deutlich zeigt sich immer wieder: Es ist nicht leicht, mit Trading Geld zu verdienen, und die beste Strategie bringt nichts, wenn man als Anleger dem Druck seiner Gefühle nicht gewachsen ist. So zeigen beispielsweise schlechte Tage mit großen Kursverlusten, ob man die eingesetzte Strategie durchhält. Wer sich in solchen Situationen zu panischen Verkäufen verleiten lässt, sollte seinen Umgang mit den eigenen Emotionen studieren und mögliche Gegenmaßnahmen testen. Lassen sich derartige Reaktionen jedoch nicht ändern, stellt sich die Frage, ob die betreffende Person ihr Geld nicht anders investieren sollte. Denn ganz klar ist, dass solche Tage, Wochen oder Monate mit fallenden Kursen immer wieder auftreten werden.

> **!** Die neunte Grundregel: Vermeiden Sie emotionale Entscheidungen!

Doch auch andersherum wird ein Schuh daraus: Bei den Punkten Gier und Selbstüberschätzung habe ich bereits darauf hingewiesen, dass positive Entwicklungen zum Problem werden können. Ich kenne das aus eigener Erfahrung und möchte daher gerne einen kleinen Tipp weitergeben: Ich werde nervös, wenn die Wertpapiere gut gelaufen sind und sich zu viel Geld in einem Depot befindet. Dann beginne ich, Fehler zu machen. In diesem Fall schöpfe ich die Spitze ab und investiere diesen Betrag in eine andere Strategie. Damit sorge ich für mentale Entspannung. Das Geld existiert zwar noch, es ist jedoch nicht mehr auf Anhieb oder als konkrete Zahl im jeweiligen Depot sichtbar. Auch mit diesem kleinen Trick gelingt es, die Emotionen herauszuhalten, wenn es um eine konkrete Transaktion geht. Nehmen Sie sich Zeit für die Erarbeitung Ihrer Strategie. Legen Sie diese schriftlich nieder, schauen Sie vor jeder Order auf Ihre Notizen und handeln Sie danach.

Jeder von Ihnen dürfte zudem die bekannte Regel kennen »Gewinne laufen lassen und Verluste minimieren«. In der Praxis bereitet die Befolgung dieser Weisheit jedoch viel mehr Probleme, als man denken würde. Schon beschrieben habe ich die emotionale Hürde, die den Verkauf von Verlustbringern oftmals verhindert. Doch auch anders herum ist es nicht einfach. Was ist beispielsweise in einem intakten Aufwärtstrend zu tun, wenn die Kurse absacken? Bedeutet dieser Einbruch das Ende der Hausse oder handelt es sich nur um eine gesunde Korrektur? Und wie weit mache ich eine Korrektur mit, bevor ich aussteige? Ganz wichtig ist es, sich auch hier vorab Regeln zu überlegen. Oft zeigt ein Blick auf den Chart, wo die Korrektur endet und der Trend sich umkehrt. Man könnte beispielsweise ein Ausstiegssignal setzen, wenn der prozentuale Einbruch stärker ausfällt als bei einer normalen Korrektur. Dieses Vorgehen verhindert, dass man voreilig verkauft und bei der Fortsetzung des Aufwärtstrends davon nicht mehr profitiert.

Was Strategie heisst

Wir haben nun die psychologischen Grundlagen unserer Handlungen kennengelernt. Dabei habe ich immer wieder auf die Bedeutung einer Strategie hingewiesen. Und weil *Strategie* ein zentraler Begriff in puncto Geld und Börse ist, möchte ich ihm ein eigenes Kapitel widmen. Denn ganz so trivial ist dieses Wort gar nicht; deshalb gehört vor die erste Transaktion eine Reflexion über die Strategie. Dieses oder irgendein anderes Börsenbuch zu lesen und dann aufs Geratewohl einige Aktien zu kaufen, wird in 90 Prozent aller Fälle nicht funktionieren. Vielmehr ist Strategie im Wortsinn zu verstehen. Der Begriff geht zurück auf das altgriechische »Strategia«, was so viel wie Feldherrenkunst und Taktik bedeutet. In den Krieg wollen wir zwar nicht ziehen, aber eine Taktik benötigen wir durchaus. Das Lexikon präzisiert noch weiter: Demnach heißt Strategie, einen Plan zur Durchführung eines Vorhabens zu haben oder Nachteile verhindern zu wollen. All das sollte auf Engagements an der Börse exakt zutreffen. Ein solcher Plan braucht Ziele, Regeln, Kontrolle und eine planmäßige Durchführung. Ein Ziel kann zum Beispiel lauten, jedes Jahr 20 Prozent Rendite erzielen zu wollen. Als Regeln denkbar: Jedes Wertpapier bei einem Verlust von 10 Prozent sowie bei einem Gewinn von 30 Prozent zu verkaufen. Ob Sie sich diese oder andere Vorgaben machen, hängt von Ihrer persönlichen Situation ab. Die Regeln müssen zu Ihnen passen. Und Sie müssen sich die Zeit nehmen, die Strategie überhaupt festzulegen und sie im täglichen Geschäft zu kontrollieren und durchzusetzen. Vor diesem Hintergrund möchte ich Sie gerne fragen:

Welche Börsenstrategie haben Sie bisher verfolgt?

Die meisten Menschen müssen nun, wenn sie ehrlich sind, mit »gar keine« antworten. Haben Sie genau überlegt, welche Wertpapiere Sie aus welchen Gründen kaufen? Wann Sie diese wieder verkaufen? Haben Sie diese Regeln befolgt? Immer? Fast kein Anleger agiert konsequent nach einer festgelegten Investmentmethode. Wie Sie im Kapitel »Psychologie und Börse« bereits erfahren haben, sind daran meist die Gefühle schuld. Unser Bauch treibt uns immer wieder zu bestimmten Handlungen. Diese emotionalen Faktoren sollten und können wir durch die Festlegung von Strategien jedoch weitgehend ausschalten. Denn nur so lässt sich verhindern, beispielsweise in den falschen Momenten zu kaufen oder zu verkaufen, ungeeigneten Ratgebern zu folgen oder überhastet zu agieren. Ist es denn überhaupt Erfolg versprechend, strategisch zu handeln? Oh ja! Denn viele Studien der letzten Jahrzehnte haben gezeigt, dass selbst mittelmäßige Strategien dem ungeplanten Handeln überlegen sind.* Ein Beispiel dafür: Viele Anleger steigen in einer Hype-Phase ein, wenn die Kurse über einen langen Zeitraum gestiegen sind und die Börsen sich deshalb eines großen Medieninteresses erfreuen. Den unweigerlichen Absturz machen die Privatinvestoren sehr lange mit, verlieren dann aber irgendwann die Nerven. Die Folge ist ein hoher Verlust. Wer seine Ein- und Ausstiege dagegen nach klaren Regeln wählt, ist vor solchen Einflüsterungen gefeit.

! Die zehnte Grundregel: Agieren Sie strategisch!

Die Erfahrung zeigt jedoch: Eine Strategie auch tatsächlich zu befolgen, stellt eine der schwierigsten Aufgaben überhaupt dar. Als große Hilfe hat sich erwiesen, ihre exakten Bestandteile schriftlich niederzulegen und gerade anfangs bei jeder Transaktion zu prüfen, ob sie tatsächlich mit *allen* Vorgaben übereinstimmt. Denn allzu verführerisch erscheint der Klick auf den Ausführen-Knopf, auch wenn eine Transaktion beispielsweise nur zwei von fünf Regeln einhalten wür-

---

* Große Resonanz hat zum Beispiel James P. O'Shaughnessy mit seinen Untersuchungen zu Investmentstrategien gefunden. Sein Buch finden Sie in den Literaturangaben am Schluss dieser Publikation.

de. In dieser Situation ergibt es Sinn, das Vorhaben nochmals genau zu überprüfen. Vielleicht zeigt sich ja sogar, dass die eine oder andere Regel nicht praktikabel ist und deshalb geändert werden muss. Das sollte jedoch nur dann geschehen, wenn sich stattdessen sinnvollere Vorgaben finden lassen. Und auch diese gehören wieder auf ein Blatt Papier! Doch auch über das reine Regelwerk hinaus helfen Aufzeichnungen sehr. So führe ich ein Trading-Tagebuch, in das ich für jeden Trade aufschreibe, wann ich welches Papier aus welchem Grund gekauft oder verkauft habe. Außerdem vermerke ich, wie der Trade ausgegangen ist. Damit lassen sich wichtige Erfahrungen dazu sammeln, was funktioniert und was nicht.

Das Trading-Tagebuch

Das persönliche Trading-Tagebuch dient nicht nur den Aufzeichnungen jeder einzelne Transaktion und der Gründe dafür. Zuallererst gehören die Regeln für die Auswahl der Wertpapiere, die Kaufmotivation sowie die Verkaufssignale dort hinein. Alle Aktionen lassen sich vor diesem Hintergrund auf ihre Strategie-Tauglichkeit überprüfen, und die Entscheidung über einen konkreten Kauf oder Verkauf wird vom Bauch in den Kopf verlagert. Folgende Angaben gehören beispielsweise in ein Trading-Tagebuch:

- Warum kaufe ich ein Wertpapier?
- Welche Ziele möchte ich damit erreichen?
- Welches Risiko ist vorhanden (Risikobetrag in Euro – R), und ist dieses Risiko vertretbar?
- Zu welchem Datum und Kurs kaufe ich welche Anzahl an Wertpapieren?
- Gibt es einen Stoppkurs und, wenn ja, wo liegt dieser?
- Wenn die Position geschlossen wurde: Wie sieht das Ergebnis in R aus?

Mit Hilfe dieser Aufzeichnungen ist es möglich, das durchschnittliche R-Multiple zu berechnen. Ergebnis ist eine Zahl zwischen -1 und n, ein Totalverlust bedeutet dementsprechend -1 und eine Verfünffachung 5. Sehr gute Ergebnisse beginnen bei einem durchschnittlichen R-Multiple von 1,2, das entspricht einer Rendite von 20 Prozent.

Es hat sich bewährt, diese Aufzeichnungen in Papierform niederzulegen und für jeden Trade ein neues Blatt zu verwenden. Der Grund ist ganz einfach: Mehr als ein Computerbildschirm verfügen Block oder Schreibheft über eine haptische Qualität: Der Akt des Schreibens mit dem Kugelschreiber, Bleistift oder Füller verstärkt das Bewusstsein für die eigenen Handlungen.

Bei den Optionsstrategien benutze ich als Trading-Tagebuch hingegen Karteikarten. Jede Transaktion wird mit allen wichtigen Informationen auf einer Karteikarte festgehalten. Wenn die Transaktion dann endgültig abgeschlossen ist, mache ich einen Kassensturz. Die Gewinnerkarten kommen in den einen Karteikasten, die Verlierer in den anderen. Der Lerneffekt ist immens.

Gold wert ist das Trading-Tagebuch, wenn man sich im Nachhinein die Mühe macht, jeden einzelnen Trade zu bewerten. Damit lässt sich herausfinden, ob das beabsichtigte Resultat erreicht oder aus welchen Gründen das eigene Ziel verfehlt wurde. Ganz oft finden sich Muster in diesen Listen. Diese Muster zeigen, welche Hauptursachen für Fehler und Verluste verantwortlich sind. Wer solche Schlüsse aus seinem Trading-Verhalten ziehen kann, wird mit seinem Wissen in Zukunft Geld verdienen – oder zumindest weniger verlieren. Ein guter Trick kann es zum Beispiel sein, die Transaktionen eines gesamten Jahres farblich zu markieren. Grün markiert werden die geplanten Gewinner, gelb die ungeplanten Gewinner und Nullsummenspiele, die Farbe Rot steht für die Verluste. So lässt sich das eigene Handeln auch visuell besser erfassen, und Fehler lassen sich in Zukunft eher vermeiden.

Bedeuten Verluste bei einem Trade automatisch, dass hier ein Fehler gemacht wurde? Ganz und gar nicht! Verluste bei einzelnen Transaktionen werden leider immer unsere Begleiter bleiben. Einen Fehler zu machen heißt vielmehr, seine eigenen Regeln zu verletzen. Dafür können Gefühle verantwortlich sein, aber auch Hektik oder Flüchtigkeit. Sehr gute Trader schaffen es, 97 Prozent fehlerfrei zu agieren, 100 Prozent schafft meines Wissens niemand. Um es nochmals zu betonen: Fehlerfreiheit bedeutet nicht automatisch eine hohe Rendite. Aber Strategien durchzuhalten, führt zu besseren Ergebnissen als ungeplantes Handeln. In diesem Zusammenhang möchte ich noch auf ein wichtiges Hilfsmittel hinweisen: Fast alle Broker bieten die Möglichkeit, virtuelle Depots oder Watchlists anzulegen. Wer eine neue Strategie anwenden will, ist gut beraten, sie zunächst ohne echtes Geld auszuprobieren. Nach einiger Zeit zeigt sich, ob die gewünschte Wirkung eintritt oder ob die eigenen Annahmen falsch sind. Ebenso wird klar, ob man seine Vorgaben überhaupt durchhält. Gerade als Anfänger sollte man nach meiner Erfahrung nicht mit echtem Geld starten und stattdessen ein halbes Jahr simulieren. Achtung: Vergessen Sie zudem niemals, auch die Gebühren in die Simulation einzurechnen.

Selbst machen oder delegieren?

Vor jeder Investitionsentscheidung steht die Frage, welche Rolle wir selbst dabei spielen wollen oder können und welche Aufgaben Dienstleister übernehmen sollen. Für mich ist die Antwort klar: Nach meiner Erfahrung wurden Renditeversprechungen selten gehalten oder es ging sogar Kapital verloren, wenn ich die Zügel aus der Hand gegeben habe. Kein anderer Mensch kann mein Geld anlegen wie ich selbst, und nur ich selbst weiß, welches Risiko ich verkrafte. Auch weiß kein Dritter, wo und wie ich investieren möchte. Und wenn ich es selbst nicht weiß? Dann sollte ich mich zunächst eingehend mit diesem Thema beschäftigen und über meine persönliche Lebens- und Vermögensgestaltung nachdenken. Details können wir sicher aus der

Hand geben – aber nie die strategischen Entscheidungen und damit die Kontrolle über unser Geld. Um es nochmals zu betonen: Wer sein Geld wirklich für sich arbeiten lassen und damit nennenswerte Erträge erzielen will, muss sich selbst darum kümmern. Würde ich also einen Altersvorsorge-Vertrag abschließen? Nein. Denn damit gebe ich mein Geld aus der Hand und bekomme erst in 30 oder 40 Jahren wieder Zugriff darauf. Was passiert, wenn es nicht gut läuft? Dann bestehen keinerlei Einflussmöglichkeiten. Meist bleibt nichts anderes übrig, als das Ganze mit einem Minus aufzulösen. Verantwortliche lassen sich kaum identifizieren, und Verluste sind unwiederbringlich. Deshalb nehme ich mir lieber die Zeit und lerne selbst, mein Geld anzulegen. Dann muss ich zwar die Verantwortung dafür übernehmen und kann gelegentlich verlieren, aber ich kann immer daraus lernen und es beim nächsten Mal besser machen. Wo ist der Schuldige? Der Blick in den Spiegel zeigt ihn.

Doch sollte deshalb niemand Hemmungen haben, schließlich ist ein schrittweiser und langsamer Einstieg möglich. Niemand muss von heute auf morgen täglich vor den Börsenkursen sitzen. Es existieren zahllose Strategien – je nach Wissensstand anwendbar und sinnvoll. Es spricht also nichts dagegen, klein anzufangen. So habe ich es übrigens auch immer gehalten. Ich habe mich mit Punkten beschäftigt, die mich gerade interessieren, und damit begonnen. Mit der Zeit konnte ich mein Wissen verfeinern und damit meine Renditen schrittweise steigern. Wer zunächst nur 3 Prozent pro Jahr verdient, hat immerhin den ersten Schritt getan. Und glauben Sie mir, wer Fehler als Lernerfahrungen begreift, macht es beim nächsten Mal besser. Und so werden aus 3 erst 5 und später 10 und am Ende dann 40 Prozent Rendite pro Jahr. Denken Sie bitte kurz an die Renditetabelle zurück: Mit 10 Prozent Performance sieht die Rendite schon beeindruckend aus, aber was geschieht erst bei 20 oder 30 Prozent? Derartige Erträge werden Sie selbstverständlich nicht von vorneherein erzielen. Deshalb präsentiere ich hier verschiedene Strategien, welche die Potenziale der Börse aufzeigen. Jede davon wende ich selbst an. Ohne die Grundkenntnisse über den Aktienmarkt, die ich mir mit den ersten Strategien angeeignet habe, hätte ich mich nie an die komplexen Optionsspiele getraut. Diese erfordern jahrelange Erfahrung, sind beim Vermögensaufbau dann jedoch ein Turbo, der das Ganze enorm beschleunigt.

Grundsätzlich unterscheiden sich diese Strategien erheblich in verschiedenen Kriterien:

- dem erforderlichen Startkapital, um damit anzufangen
- dem benötigten Know-how, um die jeweilige Strategie umsetzen zu können
- dem erforderlichen Zeitaufwand

Manche benötigen mehr davon, manche weniger, und gerade deshalb habe ich sie in diesem Buch versammelt. Nutzen Sie die hier vorgestellten Strategien als Blaupausen und entwickeln Sie aus den vorgestellten Elementen Ihre eigene Strategie. Denn nur diese wird zu Ihnen, Ihrem aktuellen Vermögen, Ihrem aktuellen Wissensstand und Ihrem Zeitbudget passen. Dabei ist nichts in Stein gemeißelt. Sie können alle Bestandteile mit der Zeit verfeinern und optimieren – aber fangen Sie so schnell wie möglich damit an. Oft ergibt sich eine Strategie aus der anderen. Schließlich wissen Sie: Ob wir reich werden wollen oder nicht, spielt keine Rolle. Wir müssen es schlicht und einfach.

Die eigene Strategie finden

Wer eine bestimmte Strategie für sich umsetzen will, sollte sich dabei zunächst an der eigenen Risikoneigung orientieren. So besteht eine enge Korrelation zwischen Gewinnchancen und der Höhe des Risikos. Reine Aktienportfolios versprechen zwar die höchste Rendite und sind über einen langen Zeitraum betrachtet und bei ausreichender Streuung sicher, sie können jedoch in kurzer Zeit zu großen Wertverlusten führen. Fragen Sie sich also, ob Sie derartige Einbrüche verkraften. Parallel müssen Sie sich überlegen, welche Anlageziele Sie erreichen wollen. In die Antwort spielen Faktoren wie das jeweilige Alter, die Einkommens- und Vermögensverhältnisse, die aktuelle Lebenssituation und die Erfahrung an der Börse hinein. Wer beispielsweise genau weiß, dass er sein Geld schon bald für eine Anschaffung benötigt, ist mit Aktien schlecht beraten. Wer dagegen kaum auf sein Vermögen schaut und es nicht akut braucht, wird sich nach zwölf Jahren sehr über die Wahl eines guten Aktienfonds oder von Blue Chips freuen. Je nach persönlicher Ausgangssituation bieten sich ganz unterschiedliche Strategien an. Dieses Buch beansprucht nicht für sich, alle Möglichkeiten zu beleuchten. Mit den vorgestellten Strategien wollen wir Ihnen lediglich Denkansätze bieten und verdeutlichen, welch große Palette existiert. Dazu habe ich vier verschiedene Herangehensweisen ausgewählt, die unterschiedlicher kaum sein könnten:

1. Die passive Strategie
2. Rebalancing
3. Trendfolge
4. Covered Call

Allen gemein ist, dass sie im Wesentlichen auf Aktien beruhen – wenn auch mitunter verpackt in Fonds oder ETFs. Ihre Unterschiede sind vor allem im erforderlichen Erfahrungshintergrund zu finden, und ihre Reihenfolge habe ich nicht zufällig gewählt. Sie bauen in puncto Know-how aufeinander auf und eignen sich gut dazu, schrittweise zu lernen. Fast ganz ohne eigenen Aufwand möchte ich starten, dazu stellt Ihnen der folgende Gastbeitrag unter anderem die Honorarberatung vor. Diese verkauft Ihnen nicht, was dem Berater Provisionen bringt, sondern identifiziert für Sie als individueller Anleger die passenden Vehikel sowie die optimale Strategie.

3. ABSCHNITT
MEIN WEG ZUM REICHTUM

Wissenschaftliche Grundlagen des Investierens

Richard Stangl, Quirin Privatbank

Die meisten Menschen möchten so viel Zeit wie möglich mit Familie, Freunden und Hobbys verbringen. Wer sich zudem kaum für das Thema Investments interessiert, sollte sich sinnvolle Alternativen überlegen – und beispielsweise einen Dienstleister engagieren, der nachweislich den Kundennutzen im Fokus hat. Um damit nachhaltig hohe Renditen zu erwirtschaften, bietet sich die Strategie des wissenschaftlich fundierten und prognosefreien Investierens an. Sie beruht darauf, die ökonomischen Grundlagen unserer Welt in Anlageentscheidungen zu übersetzen. Eine derart nüchterne und geplante Vorgehensweise verfügt über viele Vorzüge, die wichtigsten davon sind:

- langfristig attraktive Renditen
- Risikominimierung durch breite Streuung
- systematische Vorgehensweise, Vermeidung emotionsbedingter Anlegerfehler
- geringe Kosten
- Krisensicherheit durch Investition in Sachwerte

Doch lassen Sie uns am Anfang beginnen. Die Grundlage dieser Strategie bilden Mensch und Marktwirtschaft. Aktuell leben auf unserem Planeten etwa 7,5 Milliarden Menschen, bis 2050 soll sich diese Zahl laut UNO auf 9,7 Milliarden erhöhen. Vielen bereitet diese Entwicklung Sorge, sei es aufgrund drohender Ernährungsprobleme oder der Auswirkungen auf unser Klima. Wer hingegen systematisch von dieser Entwicklung profitieren will, kann sich die steigende Nachfrage dieser Menschen nach Gütern und Dienstleistungen zunutze machen. Seit dem Zweiten Weltkrieg gab es lediglich ein Jahr – das der Finanzkrise 2009 – in dem die Weltwirtschaft geschrumpft ist. Davon abgesehen war immer ein Zuwachs zu konstatieren. Weiteres Wachstum ist also vorprogrammiert. Das gilt vor allem vor dem Hintergrund des technischen Fortschritts. Im vorherrschenden System der Marktwirtschaft profitieren vor allem die Anbieter von Gütern und Dienstleistungen. Und das sind die Unternehmen und deren Eigentümer – also die Aktionäre.

Woher die Rendite stammt

Was jedes Jahr unterm Strich durch die Wirtschaftstätigkeit und Wertschöpfung der Unternehmen übrig bleibt, wandert im Durchschnitt zu zirka 40 Prozent in Form von Gewinn an die Eigentümer oder in Form von Dividenden an die Aktionäre. Der Rest verbleibt im Unternehmen als Grundlage für Investitionen zur Erhaltung der Zukunftsfähigkeit und der Wertsteigerung. Diese Wertsteigerung führt in der Regel zu steigenden Börsenkursen. Der langfristige Ertrag eines Aktionärs besteht damit aus zweierlei: der Summe der jährlich gezahlten Dividenden und der Wertsteigerung der Unternehmensaktien. Viele Anleger unterschätzen die langfristige Wirkung der Dividenden und spekulieren vor allem auf (kurzfristige) Kurssteigerungen. Diese Sicht greift jedoch viel zu kurz; ein Blick auf den DAX verdeutlicht diesen Zusammenhang. Der DAX spiegelt bekanntlich die Entwicklung der 30 größten und umsatzstärksten Unternehmen in Deutschland wider (bezogen auf Streubesitz der Aktien und den Börsenumsatz). Er wird offiziell seit dem 1. Juli 1988 berechnet, und 14 Unternehmen sind seit damals ununterbrochen dabei, etwa Bayer, BMW, Lufthansa oder Linde. Berechnungsgrundlage waren die Kurse vom 31.12.1987, ausgedrückt mit einem Indexstand von 1.000

Punkten. Bei fast 13.000 Punkten lag der DAX im Oktober 2017. Diese Entwicklung ist jedoch nicht nur den Kurssteigerungen geschuldet, in die Berechnung des DAX-Index fließen die jährlich von den Unternehmen ausgeschütteten Dividenden mit ein. Die wenigsten Anleger hierzulande wissen, dass neben dem bekannten DAX-Performance-Index (mit Dividenden) auch ein DAX-Kursindex existiert. Dieser bildet nur die Kursentwicklung der 30 Aktien ab und vernachlässigt die Dividenden. Stellt man nun beide gegenüber, zeigt sich folgendes Bild:

DAX - Performanceindex vs. Kursindex

Quelle: Quirin Bank, Entwicklung von DAX-Kurs- sowie Performanceindex

Der Unterschied der beiden Kurven zeigt sich auf den ersten Blick: Mit Dividenden legt der Index doppelt so viel zu wie ohne. Und noch ein beeindruckender Zusammenhang: 2016 dürften die DAX-Unternehmen eine Dividendenrendite von mindestens 2,5 Prozent erzielen, was etwa 250 Indexpunkten entspricht. Wer seit 31.12.1987 investiert (Indexstand damals 1.000 Punkte) ist, würde durch die Ausschüttungen in Höhe von 250 Indexpunkten umgerechnet 25 Prozent Rendite auf den damaligen Einsatz erzielen! Auch aus diesem Grund bleiben alte Hasen mit jahrzehntelanger Börsenerfahrung auch in turbulenten Zeiten ruhig und besonnen. So erzielten Aktionäre mit den 30 im DAX enthaltenen Aktien seit Beginn der Indexberechnung eine jährliche Rendite von ungefähr 8 Prozent pro Jahr. Bundesanleihen, Gold oder andere Anlageklassen erreichen diese Performance nicht annähernd. Ein wichtiger Punkt bei dieser Rechnung: Anleger haben diese hohe Rendite trotz zwischenzeitlicher Rückschläge an den Aktienmärkten erzielt. Die Ungewissheit über die zukünftige Entwicklung und die daraus abgeleiteten Kursschwankungen sorgen dafür, dass Aktionäre mit einer Risikoprämie belohnt werden. Und das müssen sie auch, denn ohne eine höhere Rendite-Erwartung würde niemand in Unternehmen investieren und stattdessen nur scheinbar sichere Anlagen wählen. Die Marktwirtschaft mit ihrem gut funktionierenden System von Angebot und Nachfrage wird diesen Zusammenhang zwischen Rendite und Risiko langfristig jedoch immer sicherstellen. Investoren, die am Kapitalmarkt ohne Rückzahlungsvereinbarung Eigenkapital für Unternehmen zur Verfügung stellen, ernten daher langfristig eine Prämie in Form einer Rendite für das eingegangene Risiko, und diese fällt im Vergleich höher aus als bei verzinslichen Anlageklassen.

Statistisch eindeutiger Gewinn

Dieser Zusammenhang lässt sich statistisch belegen, so veröffentlicht beispielsweise das Deutsche Aktieninstitut (DAI) regelmäßig sein »Renditedreieck«*. Es gibt Aufschluss über die Renditen verschiedener Anlagezeiträume der letzten 50 Jahre mit deutschen Aktien. Demnach betrug die schlechteste 20-Jahres-Rendite 6,0 Prozent pro Jahr, sie ergibt sich im Zeitraum von 1967 bis 1987. Die beste 20-Jahres-Rendite hingegen erzielten Anleger zwischen 1979

* www.dai.de/renditedreieck

und 1999 – stolze 15,2 Prozent legte der DAX durchschnittlich pro Jahr zu. Alle Zahlen verstehen sich vor Kosten und Steuern. Bedeutender als die 15,2 sind jedoch die 6,0 Prozent zu werten. Denn sie zeigen, dass langfristig auch dann eine ansehnliche Rendite herausspringt, wenn man zu einem ungünstigen Zeitpunkt kauft und zwischenzeitlich große Kursschwankungen anfallen. Diese Statistik verdeutlicht zudem, dass Anleger mit dem DAX über einen Anlagezeitraum von mindestens 13 Jahren in den vergangenen 50 Jahren immer ein positives Ergebnis erzielt haben. Selbstverständlich gibt es keine Garantie für entsprechende Ergebnisse in der Zukunft. Wer aber an den Bestand unseres Wirtschaftssystems glaubt, darf weiterhin von langfristig positiven Renditen oberhalb der Inflationsrate ausgehen. Langfristig betrachtet sind Aktien trotz ihrer Kursschwankungen bei breiter Streuung nicht nur renditeträchtiger, sondern auch sicherer als Kontoguthaben. Grund dafür ist ihr Sachwertcharakter. Aktionäre beteiligen sich an realen Sachwerten, die im Gegensatz zu reinen Geldwerten immer einen gewissen Wert behalten werden.

Die Blick über den Tellerrand

Die durchschnittliche DAX-Rendite lässt sich auch bei breiter, weltweiter Verteilung auf Standardaktien erreichen – mit einem Unterschied: Zahlreiche Untersuchungen belegen die im Vergleich zum DAX deutlich niedrigeren Wertschwankungen bei einer weltweiten Geldanlage. Das gilt sogar ungeachtet der Währungsrisiken. Der folgende Chart zeigt diesen Zusammenhang.

Quelle: Quirin Bank, DAX im Vergleich zum MSCI-World-Index

Deutlich zu sehen ist die geringere Schwankungsbreite des MSCI World, zugleich zeigt sich die in den letzten beiden Jahren bessere Entwicklung des DAX. Wie im Jahr 2011 zu sehen, kann sich dieses Verhältnis jedoch auch wieder umkehren. Wer klug investieren will, macht sich die schwankungsreduzierende Diversifikation zunutze und legt daher bewusst weltweit an. Doch genau hier ist oftmals ein Umdenken nötig. Die meisten Anleger hierzulande setzen ganz selbstverständlich auf deutsche Werte und informieren sich kaum über die Möglichkeiten und Rahmenbedingungen anderer Märkte. Diese Beschränkung ergibt jedoch keinen Sinn, der deutsche Aktienmarkt spielt nur eine kleine Rolle im internationalen Konzert. Die Maßstäbe lassen sich sehr gut an der Marktkapitalisierung ablesen. Ihre Höhe zeigt, wie viel Geld in Form von Aktien und anderen Wertpapieren in einem Unternehmen, Markt oder Land investiert ist.

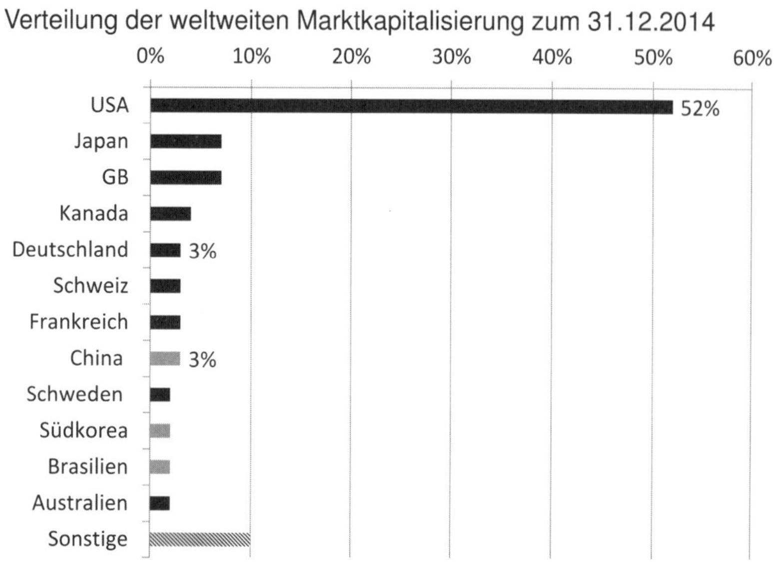

Marktkapitalisierung unterschiedlicher Länder, Quelle: Quirin Privatbank, Dimensional Fund Advisors Ltd. Viele kleine Länder sind nicht angezeigt.

Diese Grafik verdeutlicht sehr schön, dass die Börsenmusik in den USA spielt. Mehr als die Hälfte des weltweiten Börsenkapitals ist dort investiert. So heißen die aktuell wertvollsten börsennotierten Unternehmen Apple und Google. Sie haben ihren Sitz in den USA, verdienen aber auch bei uns oder in China Geld. Aus dieser Verteilung ergeben sich auch Hinweise darauf, wie bestimmte Regionen in einem Portfolio zu gewichten sind. Aktien aus Schwellenländern mit anhaltendem Bevölkerungswachstum sollten ebenfalls in einem international diversifizierten Portfolio berücksichtigt werden, auch wenn der Wert der betreffenden börsennotierten Unternehmen noch vergleichsweise gering ausfällt. Mittlerweise ist der Anteil der sogenannten Emerging Markets an der weltweiten Wirtschaftsleistung jedoch schon auf über 30 Prozent angewachsen, Tendenz weiter steigend. Dazu liefern auch international agierende Konzerne aus Industrieländern einen spürbaren Beitrag. Der Anteil von Aktien aus Schwellenländern sollte in einem Weltportfolio daher auf etwa 20 Prozent begrenzt sein. Ungeachtet dieser geringen Anzahl erzeugt es bei manchen Anlegern Unbehagen, in unbekannte Unternehmen oder Märkte zu investieren. Vor dem Hintergrund einer globalisierten Wirtschaft senkt eine breit gefächerte Ausrichtung sowohl das (Länder-)Risiko als auch die Schwankungsintensität.

Verzicht auf aktives Management

Viele Aktienkäufer versuchen ihre Renditen zu maximieren, indem sie die Stars von morgen suchen und auf den rechtzeitigen Ein- und Ausstieg spekulieren. Dividenden spielen bei ihren Überlegungen selten eine Rolle, der (schnelle) Kursgewinn ist das Ziel. Auch die Manager von aktiv gemanagten Investmentfonds haben den Anspruch, durch die Auswahl von bestimmten Einzelaktien und Märkten den Gesamtmarkt zu schlagen. Doch wie erfolgversprechend ist dieses Vorgehen? Lohnt sich der Arbeits- und Zeitaufwand? Wer verschiedene Aktienmärkte betrachtet, wird kein Muster erkennen. Die Erkenntnisse der Finanzmarktforschung zum prognosegetriebenen »aktiven Management« sind ebenso eindeutig wie ernüchternd. Die meisten aktiv gemanagten Fonds und die überwiegende Anzahl privater Spekulanten erzielen eine niedrigere Rendite als der Gesamtmarkt. Kommen manche Fonds oder Privatanleger über längere Zeiträume auf bessere Renditen, entkräftet dies das Ergebnis nicht. Denn bei einer großen Masse von aktiven Anlegern gibt es statistisch zu erwartende Werte für außergewöhnlich gute und außergewöhnlich schlechte Ergebnisse. Wie beim Glücksspiel ist auch beim Spekulieren der Faktor Zufall dafür verantwortlich. Jede Glücks- oder Pechsträhne reißt aber irgendwann ab. Dies machen beispielsweise die jährlichen Veröffentlichungen des Dalbar-Reports aus den USA deutlich, der die durchschnittlichen Ergebnisse von Fonds und Fondsanlegern mit der Marktrendite vergleicht:

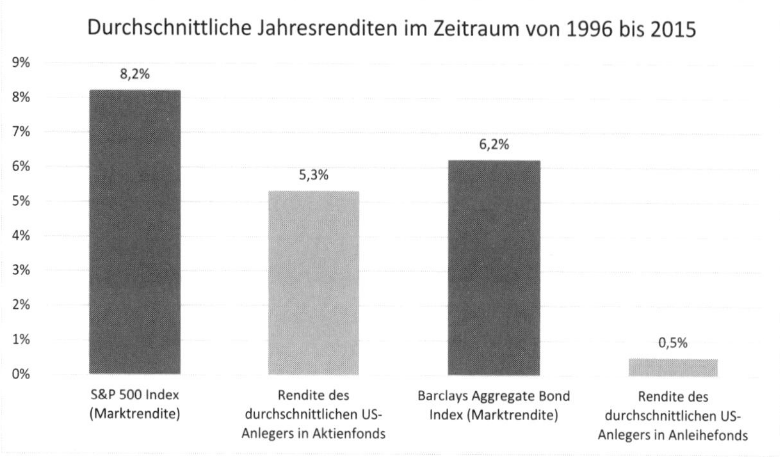

Eigene Darstellung, Quelle: Quirin Privatbank, Dalbar Report

Der amerikanische Aktienmarkt erzielte zwischen 1996 und 2015 eine jährliche Rendite von durchschnittlich 8,2 Prozent. Die Rendite der aktiven Aktienfonds und damit der Anteilseigner der betreffenden Aktienfonds lag im Durchschnitt knapp 3 Prozentpunkte darunter. Die Hauptgründe für die ernüchternden Ergebnisse der Fonds kennen wir bereits. Bei Rentenfonds ist die Diskrepanz zwischen Marktrendite und Fondsrendite mit über 5 Prozentpunkten sogar noch größer, nachdem kaum ein Rentenfondsmanager das in den letzten Jahrzehnten stark gefallene Zinsniveau erwartete.

Wissenschaftliche Studien zeigen: Gerade in den Industrieländern lassen sich die Aktien- und Rentenmärkte größtenteils als informationseffizient einstufen. In derartigen Märkten sind zu jeder Zeit alle verfügbaren Informationen im Preis einer Aktie oder Anleihe enthalten, und jede neue Information führt automatisch zu einer sofortigen Anpassung im Preis. Die Börsenkurse spiegeln also alle verfügbaren Informationen bereits wider, und ein eigener Wissensvorsprung ist nichts weiter als eine Illusion – auch bei Fondsmanagern.

Für diese Effizienzmarkthypothese bekam der US-Ökonom Eugene Fama im Jahr 2013 den Nobelpreis für Wirtschaftswissenschaften. Seine Studien zeigen eines ganz klar: Wer das sogenannte Stock-Picking betreibt und die vermeintlich aussichtsreichsten Unternehmen auswählt, erzielt eine überdurchschnittlich gute ebenso wie eine schlechte Performance zufällig.

Die Konsequenz: Kein Anleger und auch kein Fondsmanager hat die Möglichkeit, sich einen (dauerhaften) Informationsvorsprung zu verschaffen oder diesen gar gewinnbringend zu nutzen. Ganz im Gegenteil: Durch die deutlich höheren Kosten sowie durch häufige Fehlentscheidungen sowohl bei der Auswahl einzelner Wertpapiere (Stock-Picking) als auch bei der Wahl konkreter Ein- und Ausstiegszeitpunkte (Market Timing) entfernen sich aktiv gemanagte Strategien immer weiter von der erreichbaren Rendite des Marktes. Der fehlende eine Prozentpunkt Rendite bei den Fondsmanagern gegenüber dem Vergleichsindex ist somit dem eigenen Verhalten geschuldet. Mit rund 3,5 Prozent noch viel schlechter fällt die Rendite der Privatanleger aus, sie ist gerade einmal halb so hoch wie die Durchschnittsrendite der Fonds. Diese Diskrepanz beruht im Wesentlichen auf einem Fehler: Der Dalbar-Report ermittelt eine durchschnittliche Haltedauer von Fonds bei Privatanlegern von knapp über drei Jahren. Das ist zu wenig für eine langfristig gute Performance. Die Gründe dafür kamen bereits im Kapitel über die Psychologie zur Sprache.

! Die elfte Grundregel: Stock-Picking funktioniert nicht!

Value- und Small-Cap-Prämie

Doch bietet nicht nur der Aktienmarkt allgemein eine Risikoprämie gegenüber Anleihen oder anderen Anlageklassen; die empirische Finanzmarktforschung hat zusätzliche Prämien identifiziert. In den einschlägigen Medien findet dafür der Begriff »Smart Beta« immer häufiger Verwendung. Auch in diesem Feld hat sich Eugene Fama hervorgetan, diesmal zusammen mit seinem Kollegen Kenneth French. Bereits 1993 haben die beiden Wissenschaftler in ihrem Dreifaktorenmodell zwei zusätzliche Renditequellen ergänzt. Dafür identifizieren sie erstens sogenannte Value-Aktien. Zweitens erzielen demnach kleinere und mittlere Unternehmen (Small Caps) eine bessere Rendite als der Gesamtmarkt.

Wertentwicklung des Dimensional Global Large Value Index abzüglich der Renditen des MSCI World Index

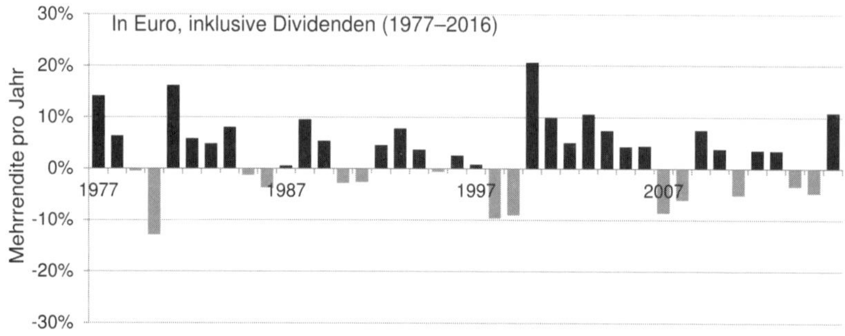

Mehrrendite Value-Aktien gegenüber Gesamtmarkt ca. 2,7 % p.a.

Quelle: Quirin Privatbank, Dimensional Fund Advisors Ltd.

Fama und French sprechen von Value-Aktien oder Substanzwerten im Fall eines günstigen Kurs-/Buchwert-Verhältnisses. Der Kurswert einer Aktie entspricht der Anzahl der Aktien multipliziert mit dem Aktienkurs. Als Buchwert gilt der Wert des Eigenkapitals aus der letzten veröffentlichten Bilanz. Je weniger der Kurswert vom Buchwert abweicht, desto günstiger ist die Aktie theoretisch bewertet. Selten werden Aktien sogar unter Ihrem Buchwert gehandelt, etwa in Umbruchs- oder Verlustphasen. Betroffen sind aber auch Unternehmen, die über ein relativ langweiliges Geschäftsmodell ohne große Wachstumsaussichten verfügen. Die Forschungen der Wissenschaftler zeigen, dass sich entsprechend günstig bewertete Aktien über den langen Zeitraum von 1977 bis 2016 jährlich um etwa 2,8 Prozent besser entwickelt haben als der breite Aktienmarkt. Allerdings gab es auch mehrjährige Zeiträume mit schlechterem Ergebnis, und die Überrendite wurde bei höheren Wertschwankungen erzielt.

Leichter verständlich ist die Risikoprämie, die Anleger bei kleineren und mittleren Unternehmen langfristig ernten. Denn damit gehen Aktionäre ein größeres Risiko ein als bei bekannten Großunternehmen. Dieses größere Risiko können sie sich in Form einer höheren Renditeerwartung bezahlen lassen. Im selben Zeitraum betrug sie immerhin 4 Prozentpunkte pro Jahr gegenüber dem breiten MSCI World Aktienindex. Auch hier lassen sich wieder höhere Wertschwankungen feststellen, und es sind mehrjährige Zeiträume erkennbar, in denen die Rendite unter derjenigen von Standardaktien liegt.

Wertentwicklung des Dimensional Global Small Index abzüglich der Renditen des MSCI World Index

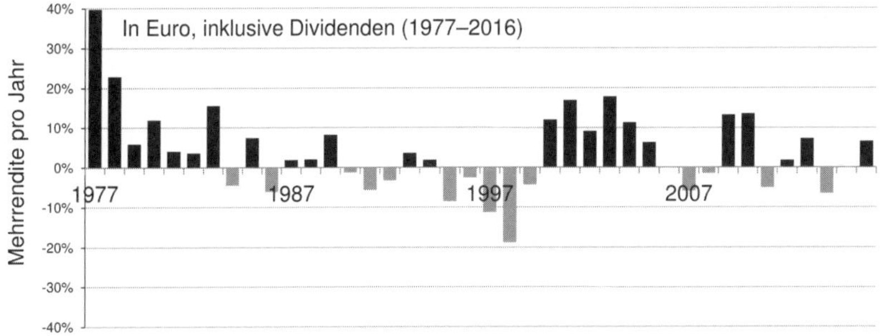

Mehrrendite Small Caps gegenüber Gesamtmarkt ca. 3,9 % p.a.

Quelle: Quirin Privatbank, Dimensional Fund Advisors Ltd.

Auf entsprechende Substanz- und Nebenwerte spezialisierte, breit gestreute und kostengünstige Anlageklassenfonds sind in Deutschland mittlerweile verfügbar, etwa von der Fondsgesellschaft Dimensional oder von ETF-Anbietern.

Umsetzung der Anlagestrategie

Wer von diesen wissenschaftlichen Erkenntnissen profitieren will, sollte zunächst die individuell passende Mischung von Aktien und Anleihen bestimmen. Dabei ist zu berücksichtigen, dass ein breit gestreutes Aktieninvestment langfristig die höchsten Renditen erwarten lässt. Wer sein Geld für mindestens fünf Jahre anlegen kann, sollte sich diese Erkenntnis zunutze machen. Wie hoch der individuelle Aktienanteil im liquiden Vermögen konkret ausfällt, bestimmen im Wesentlichen die individuelle Vermögens- und Einnahmensituation, die Anlageziele und Anlagedauer sowie die Risikotragfähigkeit. Steht die Verteilung fest, sollten Sie in der Regel voll investiert sein und daher einen Aktienanteil wählen, mit dem Sie auch in Krisenzeiten gut zurechtkommen. Die Faustregel: Sie müssen einen Börsen-Crash aushalten, bei dem sich die Aktienkurse halbieren. Wer in Crash-Phasen zu Tiefstkursen aus Angst verkauft oder aufgrund unzureichender vorheriger Planung plötzlich Geld benötigt, wird meist Lehrgeld zahlen. Am besten rechnen Sie in Euro um, was ein derartiger Crash für den Gesamtwert Ihres Depots und Ihres Vermögens bedeutet. Beunruhigt Sie der errechnete Wert, müssen Sie den Aktienanteil senken. Der Rest des zur Verfügung stehenden Betrages sollte vorwiegend in sichere Anleihen mit gutem Rating und kurzen bis mittleren durchschnittlichen Restlaufzeiten fließen. Damit lässt sich das Depot stabilisieren. In der aktuellen Niedrigzinsphase liefern Anleihen zwar kaum eine Rendite über der Inflationsrate, sie begrenzen jedoch die Wertschwankungen des Gesamtportfolios.

Um die möglichen Renditen auch tatsächlich zu vereinnahmen, eignen sich aufgrund der niedrigen Kosten, der hohen Transparenz und der breiten Streuung am besten sogenannte ETFs (Exchange Traded Funds, börsengehandelte Indexfonds). Mit einem ETF auf den MSCI Word Index beteiligen Sie sich beispielsweise an über 1.400 Unternehmen aus entwickelten Ländern, darunter natürlich auch an sämtlichen DAX-Unternehmen. Je größer der individuelle Anlagebetrag, desto breiter und feiner können Sie Ihre Investments streuen. Bei kleinen Vermögen (unter 10.000 Euro) reichen zwei ETFs, ein weltweit anlegender Aktien-ETF und ein ETF auf Euro-Unternehmensanleihen mit gutem Rating und kurzen bis mittleren Restlaufzeiten. Steht die für den einzelnen Anleger optimale Zusammensetzung von ETFs und Anlageklassenfonds fest, kann der Anlagebetrag arbeiten und regelmäßige Zins- und Dividendenausschüttungen erzielen. Die Unterschiede in der Entwicklung der Aktien- und Rentenpositionen werden im Laufe der Zeit jedoch zu Verschiebungen der prozentualen Anteile von Aktien und Renten führen. Dieser Mechanismus wird im Kapitel zu den Fonds noch genauer zur Sprache kommen, und auch die Quirin Privatbank setzt auf das renditesteigernde und wertschwankungsmindernde Rebalancing. Der Mechanismus sorgt dafür, bei gestiegenen Aktienkursen kleine Gewinne mitzunehmen und bei niedrigeren Kursen nachzukaufen.

Strategie 1: Die passive Strategie

Strategie 1: Die passive Strategie / Renditeerwartung 6 – 8 Prozent p. a.

Diese Strategie eignet sich vor allem für Anleger ohne umfangreiche Börsenkenntnisse und ohne Zeit oder Lust auf eine detaillierte Beschäftigung mit den eigenen Investments. Dabei setzen unabhängige Honorarberater die wissenschaftlichen Erkenntnisse in eine Anlagestrategie um. Sie sind gesetzlich dazu verpflichtet, unabhängig zu beraten. Gemäß dem seit 2014 geltenden Honoraranlageberatungsgesetz muss ein Honorarberater über einen hinreichenden Marktüberblick verfügen und darf sich in seinen Anlageempfehlungen nicht auf bankeigene Finanzprodukte beschränken. Außerdem muss er sämtliche Provisionen an seinen Kunden weiterleiten und darf sich somit nur von Ihnen für die Dienstleistung bezahlen lassen. Eine derartige Beratung bietet beispielsweise die Quirin Privatbank.

Schritt 1: Bestimmung des persönlichen Anlageprofils
Schritt 2: Auswahl der passenden ETFs
Schritt 3: Regelmäßiges Rebalancing

Aus insgesamt 15 ETFs und Anlageklassenfonds wählen die Berater der Quirin Privatbank nach Ihren Vorgaben die passenden Geldanlagen aus. Der Aktienanteil lässt sich zwischen 0 und 100 Prozent in Zehner-Schritten wählen. Dabei setzt die Quirin Privatbank nicht nur auf die Prämien für Standard-, Substanz- und Nebenwerte am Aktienmarkt. Sondern sie unterteilt Anleihen auch in risikoarme und prämientragende Anleihen. Risikoarme Anleihen zeichnen sich durch Schuldner mit sehr gutem Rating und durch kurze Restlaufzeiten aus. In Frage kommen Staats- und Unternehmensanleihen. Unter die prämientragenden

Anleihen fallen Anleihen, die aufgrund längerer Laufzeit (Laufzeitprämie) und/oder schlechterer Bonität der Schuldner (Kreditprämie) langfristig höhere Renditen erwarten lassen. Dazu zählen beispielsweise auf Euro lautende High-Yield-Anleihen. Dies sind Unternehmensanleihen, die über ein Rating unterhalb der Investmentgrade-Stufe (BBB bei der Ratingagentur S&P) verfügen. Um die Diversifikation auch bei Anleiheinvestitionen sicherzustellen, setzt die Quirin Privatbank ebenfalls auf eine breite Streuung in Form von ETFs. So wird das Risiko im Aktienbereich auf weit über 5.000 Aktien und im Anleihebereich auf Hunderte von Anleihen verteilt.

Wer diese Strategie selbstständig umsetzen will, benötigt erstens ausreichende Kenntnisse über ETFs und zweitens die nötige Disziplin. Schließlich muss er regelmäßig die Zusammensetzung des Depots prüfen und Anpassungsmaßnahmen durchführen, beispielsweise ein Rebalancing der Positionen. Disziplin ist auch notwendig, um die Strategie in turbulenten Börsenphasen durchzuhalten und Investmentversuchungen zu widerstehen, die diese Strategie verwässern würden. Wem Kenntnisse, Interesse, Zeit und Disziplin fehlen, der sollte das Management der Strategie an Profis delegieren. Wer selbst einen guten Überblick über seine Finanzen besitzt und seine persönliche Risikoneigung kennt, kann entweder einen entsprechend investierenden Fonds kaufen oder eine Online-Vermögensverwaltung beauftragen. Damit bleiben die jährlichen Gesamtkosten jeweils bei zirka einem Prozent pro Jahr. Wer einen persönlichen Ansprechpartner, eine Beratung zur geeigneten Strategie und eine regelmäßige Überprüfung der Entscheidungen wünscht, muss mit einem Aufpreis von etwa 0,5 Prozentpunkten kalkulieren. Ich empfehle Ihnen den Rückgriff auf die Honorar-Anlageberatung. Sowohl fortgeschrittene Anleger als auch Laien haben dabei die Möglichkeit, sich bei minimalem Zeit- und Kostenaufwand zu einem langfristig erfolgreichen und souveränen (Aktien-)Investor zu entwickeln und den individuellen mittel- und langfristigen Anlageerfolg systematisch herbeizuführen.

Wenn Sie aber psychisch stabil genug sind, die Strategie auch über längere Zeit durchzuhalten, wenn Sie sicher sind, Ihre Gier und Ihre Angst im Griff zu haben, und wenn Sie zudem bereit sind, sich mit Ihren Investments etwas mehr auseinanderzusetzen, dann können Sie diese Strategie auch selbst umsetzen. Das notwendige Grundwissen finden Sie hier.

Gewinnen mit Fonds

Auf den vorangegangenen Seiten haben wir eine Anlagevariante kennengelernt, die fast ohne eigenes Zutun auskommt und auf die Hilfe externer Profis zurückgreift. Nun wollen wir einen Schritt weiter gehen und selbst aktiver werden. Unser Aufwand wird uns statistisch gesehen auch entlohnt, anstatt wie vorher, 6 bis 8 Prozent Rendite pro Jahr dürften wir nun mit etwas mehr rechnen. Erforderlich ist allerdings die Bereitschaft zur Beschäftigung mit dem Themenkomplex Börse. Doch fangen wir klein an, noch sind keine Wochen oder Monate erforderlich, um Fachbücher oder ähnliches studieren zu müssen. Stattdessen bieten sich Fonds als Anfänger-Anlagevehikel an. Der jeweilige Manager trifft Anlageentscheidungen, er behält die Werte im Blick und er verfügt über die nötige Fachkenntnis – so der Idealfall. Wer auf Fonds setzt, gibt damit einen Teil der Arbeit ab und verlagert auch Verantwortung. Gerade Einsteiger können auf diese Weise deutlich höhere Renditen erzielen als beispielsweise mit einem Tagesgeldkonto und benötigen weniger Zeit als bei aufwändigeren Strategien. Die Kehrseite: Fonds entwickeln sich fast immer schlechter als vergleichbare Börsenindizes und meist schlagen sie mit vielfältigen Gebühren und anderen Kosten zu Buche. Diese grundsätzliche Kritik am Fondsgewerbe ist im vorigen Kapitel bereits angeklungen, und auch hier werden Sie weitere negative Argumente lesen. Wieso beschäftige ich mich dann trotzdem damit? Erstens stecken die Deutschen deutlich mehr Geld in Fonds als beispielweise in Einzelaktien. Die Hintergründe sollten Sie daher kennen. Zweitens können Fonds bei richtiger Auswahl und der passenden Investmentstrategie durchaus sinnvoll sein.

Ganz wichtig ist es jedoch, zunächst von einem weit verbreiteten Irrglauben Abschied zu nehmen: Die Qualität der Fonds lässt sich selten an den Renditen der Vorjahre festmachen. Wer Produkte auswählt, sollte sich stattdessen grundsätzlich überlegen, was er wie und wo kauft – und wie er dann damit umgeht. Denn viel mehr als die Rendite der vergangenen Jahre bestimmen Strategie und Rahmenbedingungen darüber, was beim Anleger ankommt und was nicht. Vor allem zählt die Portfoliostruktur; die Erkenntnisse der Korrelation und der unterschiedlich volatilen Bewegungen verschiedener Assetklassen spielen uns in die Hände. Wie sich diese konkret ausnutzen lassen, zeige ich später im Zuge der Rebalancing-Strategie. Doch vorher möchte ich die Rahmenbedingungen bei den Fonds näher beleuchten, denn sie wirken sich spürbar auf die Erträge aus. Hier schlägt einmal der Ausgabeaufschlag zu Buche. Meist beträgt er 5 Prozent, wer 1.000 Euro investiert, erhält also nur Anteile im Wert von 950 Euro. Viele Investmentfonds benötigen ein oder zwei Jahre zum Ausgleich, erst danach sorgen sie für Gewinn beim Käufer. Dazu kommt die jährliche Managementgebühr. Sie findet sich lediglich im Kleingedruckten und die Fondsgesellschaft entnimmt sie aus dem Fondsvermögen. Aktienfonds hierzulande veranschlagen durchschnittlich 1,5 Prozent. Das klingt nicht nach viel, aufgrund des Zinseszinseffekts kommen jedoch in zehn Jahren 20 Prozent zusammen. Regelrecht absurd wird es, wenn zusätzlich eine Performancegebühr anfällt. Meist soll sie honorieren, dass der Fonds den jeweiligen Vergleichsindex übertroffen hat. Aber wozu soll das Management gut sein, wenn nicht dazu, den Gesamtmarkt zu schlagen? Weil sogar der Gesetzgeber genug hatte von undurchsichtigen Kosten, müssen alle Fonds seit einigen Jahren die sogenannte TER (Total Expense Ratio) ausweisen, also die Gesamtkostenquote. Sie wird als Prozentsatz des durchschnittlichen Fondsvolumens angegeben. Die TER verzeichnet alle Kosten, mit denen der Fonds selbst zu kämpfen hat. Doch ist hier leider längst nicht Schluss, dazu kommt häufig ein Ausgabeaufschlag des verkaufenden Kreditinstituts sowie eine Depotbankvergütung. Welche Bedeutung Gebühren für die Vermögensentwicklung haben, lässt sich an zwei Beispielfonds verdeutlichen:

	Fonds 1	Fonds 2
Anfangskapital	100.000 €	100.000 €
Jährliche Einzahlung	10.000 €	10.000 €
Rendite	12 %	12 %
Ausgabeaufschlag	5 %	0,05 %
Jährliche Gebühren	2,3 %	0,2 %
Endvermögen nach 10 Jahren	236.584 €	358.183 €

Gebühren versus Vermögen

Wer denkt, der Ausgabeaufschlag spielt bei zehn Jahren Gesamtlaufzeit ohnehin keine Rolle und knapp über zwei Prozent seien vertretbar, dürfte von dieser Rechnung eines Besseren belehrt werden. Jeder Euro, der an Banken oder Fondsgesellschaften fließt, fehlt beim Aufbau des Vermögens. Eine schlechte Auswahl der Fonds und der Depotbank kostet in zehn Jahren die Hälfte unseres Vermögens! Sehr komfortabel berechnen lassen sich derartige Zahlen mit Hilfe des bereits vorgestellten Rechners.

Wenn der Unterschied im Endvermögen bereits nach zehn Jahren ca. 50 Prozent mehr beträgt, ist es bei der (tatsächlichen) Anlagedauer von 30 oder 40 Jahren ein Mehrfaches an Endvermögen.

! Die zwölfte Grundregel: Halten Sie die Kosten niedrig!

Die ersten und wichtigsten Aufgaben für einen Fondskäufer in spe lauten also, die Rahmenbedingungen seiner Bank unter die Lupe zu nehmen und die Fixierung auf die Renditen der Vorjahre aufzugeben. Dann wird der Blick frei, um tatsächlich Kosten zu senken und damit die realen Renditen zu steigern. Beginnen wir mit den Gebühren der

Finanzinstitute. Viele Anleger gehen zu ihrem vertrauten Berater und folgen dessen Empfehlung. Oft erfragt er die jeweilige Risikoneigung und macht daraufhin ein oder zwei Angebote. Der Kauf ist schnell erledigt, und meist wurde der geschilderte Rattenschwanz an Kosten gleich mitgekauft. Ähnliches gilt für die Direktbanken: Auch hier gibt es in der Regel nur ausgesuchte Angebote ohne Ausgabeaufschlag. Zum Glück existieren jedoch Alternativen zur Hausbank oder zu den bekannten Discountbrokern. So kommt um den Ausgabeaufschlag und oft auch um die Depotgebühr herum, wer ein Depot über spezielle Dienstleister wie beispielsweise Fondsdiscount (www.fondsdiscount.de) eröffnet. Allerdings gibt es dort auch keine Beratung. Jeder Anleger muss sich selbst um die Auswahl kümmern. Zudem haben diese Anbieter keinen Einfluss auf Managementkosten und ähnliches. Wer einen Fonds auswählt, sollte die TER daher auf jeden Fall in seine Kaufentscheidung einbeziehen.

Daneben lohnt noch ein genauerer Blick hinter die Kulissen des Fondsgewerbes. Zunächst einmal tragen die bereits erwähnten Gebühren und Kosten zur schlechten Performance der meisten Fonds bei. Doch ob ohne oder mit diesen Belastungen: Es sieht düster aus: Mindestens 80 Prozent aller Fonds schneiden schlechter ab als ihr Vergleichsindex. Setzt ein Fonds auf deutsche Aktien, muss er sich mit dem DAX messen lassen – und verliert das Rennen in der Regel. Die Fondsmanager liegen mit ihrer Aktienauswahl offensichtlich nicht besonders gut, auch ihnen verhageln die von Eugene Fama dargelegten Mechanismen die Ernte. Zudem sind die Manager an ihre jeweiligen Statuten gebunden. Diese bestimmen die Anlageschwerpunkte und legen damit fest, ob beispielsweise bestimmte Branchen oder Unternehmensgrößen vertreten sein müssen und wie deren Verteilung aussehen soll. Steckt etwa Biotech in der Krise, muss ein Fonds trotzdem einen Anteil daran halten, sofern die Statuten dies vorgeben. Die Statuten schreiben zudem eine Cashquote vor. Der Hintergrund: Weil immer genügend Liquidität vorhanden sein muss, um Anlegern den Verkauf von Anteilen zu ermöglichen, dürfen Fonds nicht ihr gesamtes Kapital investieren. So stehen 10 oder 20

Prozent des Fondsvermögens gar nicht zur Verfügung, um Renditen zu generieren. Schon strukturell ist es Fondsmanagern daher in der Regel unmöglich, den Gesamtmarkt zu schlagen. Auch im Fondsgewerbe herrscht zudem der Herdentrieb. Keiner will zurückfallen, und daher agieren die meisten Fondsmanager ähnlich wie ihre Kollegen. Und wer den Markt tatsächlich über einen längeren Zeitraum schlägt, steht vor einem neuen Problem: Er wird vom Geld regelrecht erschlagen, denn schließlich wollen sehr viele Anleger von der guten Performance profitieren. Fondsmanagern fällt es in dieser Situation schwer, den enormen Mittelzufluss im Sinne ihrer Strategie sinnvoll zu investieren. Die Folge ist ein Abknicken der Performance-Kurve. Wer in einem Jahr gute Gewinne einfährt, findet sich im Folgejahr oft unter ferner liefen. Ohnehin steht nicht so sehr die Performance im Fokus der Gesellschaften, sondern hauptsächlich das Gesamtvolumen. Denn daraus bemessen sich die Gebühren, die sie kassieren, und wie jedes Wirtschaftsunternehmen sind auch die Emissionshäuser ihren Eigentümern verpflichtet, die letztlich von hohen Gebühreneinnahmen profitieren.

Wie Sie brauchbare Fonds auswählen

Obwohl sich die genannten Faktoren negativ auswirken, können Fonds gute Dienste bei der langfristigen Vermögensbildung leisten. Der erste Schritt zur Auswahl brauchbarer Fonds besteht darin, die gewünschte Assetklasse zu definieren. Wollen Sie beispielsweise in deutsche Aktien investieren oder in Rohstoffe? Es bringt meiner Erfahrung nach wenig, sich Fondslisten einfach nach der Performance sortieren zu lassen und den besten zu kaufen. Denn das führt in aller Regel dazu, dass Spezialfonds mit sehr eingeschränktem Anlagespektrum an der Spitze stehen. Doch wenn der Gesundheitssektor in den Vorjahren alle anderen Branchen abgehängt hat, ist die Gefahr sehr groß, dass ein Rückschlag erfolgt. Hier ist es ähnlich wie beim Stock-Picking: Die Ergebnisse gehorchen weitgehend dem Zufall. Nachhaltiger ist es, Fonds mit klaren, aber relativ breiten Anlageschwerpunkten zu wählen. Dabei zeigen Vergleiche, dass viele deutsche Fondgesellschaften unterdurchschnittliche Renditen einfahren. So errechnete die Ratingagentur Morningstar, dass die angelsächsischen Anbieter Invesco, Franklin Templeton und Pimco das von ihnen verwaltete Vermögen überwiegend mit guter Performance anlegen (zu 89, 81 und 75 Prozent), deutsche Gesellschaften wie Union Investment und Deka nur zu 45 bzw. 37 Prozent. Bester Anbieter hierzulande ist demnach DWS mit einer Quote von 54 Prozent gut bewerteter Fonds. All diese Zahlen spiegeln jedoch nur die Vergangenheit wider. Dieses und nächstes Jahr kann es ganz anders aussehen!

Doch wie identifiziert man trotzdem einzelne Fonds, die ein Engagement lohnen? Gute Erfahrungen habe ich einerseits mit den Übersichten der Stiftung Warentest gemacht. Diese unabhängige Institution veröffentlicht gedruckte Spezialreporte zu Investmentfonds, zudem bietet sie eine (kostenpflichtige) Datenbank im Internet (www.test.de). In die Bewertung der Tester fließt nicht nur die Performance ein, sondern auch das Risikoprofil spielt eine Rolle. So wird untersucht, ob das Risiko eines Fonds unter oder über einem Referenzfonds liegt. Meist wählen die Tester einen ETF als Referenz, der den Index des jeweiligen Segments abbildet. Ein Fonds mit Anlageschwerpunkt internationale Aktienmärkte muss sich also mit dem MSCI-World-Index messen. In den Daten enthalten sind zudem Angaben über Fondstyp, Ertragsverwendung, Auflagedatum, Volatilität und mehr. Eine kostenlose Suchmaschine bietet die bereits erwähnte Ratingagentur Morningstar (www.morningstar.de). Dort lassen sich die Fonds nach den Kriterien Rating, Gebühren, Rendite oder Wertentwicklung sortieren. Detaillierte Angaben zu Chancen und Risiken finden sich zudem auf Websites wie Fondsdiscount. Wer in Fonds investieren will, sollte sich daher sehr genau informieren und für jeden Typ die unterschiedlichen Bewertungsangebote zu Rate ziehen. Wichtig ist zudem, dass die Fonds eine gewisse Größe aufweisen, damit sichergestellt ist, dass sie auch weiterhin bestehen. Als weiteres Auswahlkriterium kann dienen, ob der Fonds Gewinne ausschüttet oder reinvestiert – im Fachjargon: thesauriert. Mir persönlich sind thesaurierende Fonds lieber, da mein Geld investiert bleiben soll und ich mich nicht um das freiwerdende Geld kümmern möchte. Hier gebe ich gerne Verantwortung ab, schließlich habe ich den jeweiligen Fonds mit Bedacht ausgewählt, und seine Wertsteigerung ist ein willkommener Effekt.

Wichtig bei der Fondsauswahl ist zudem, unterschiedliche Anlageschwerpunkte und Assetklassen zu berücksichtigen. Denn der große Vorteil von Fonds besteht in der Diversifikation, die auch Kleinanleger damit umsetzen können. Zur Auswahl stehen beispielsweise Aktienfonds, Dachfonds, Geldmarktfonds, Mischfonds und Rentenfonds. Im Sinne einer möglichst guten Rendite und einer großen Sicherheit genügt es jedoch nicht, lediglich eine Auswahl zu treffen und jeweils ein Produkt zu kaufen. Deutlich besser fährt, wer die Wertentwicklung im Auge behält und je nach Bedarf umschichtet. Der Fachbegriff dafür ist uns bereits öfter begegnet: Er lautet Rebalancing. Ein Anleger stellt also immer wieder eine Balance zwischen den einzelnen Anlagevehikeln her. Die Gewinne aus erfolgreichen, aber in der Regel riskanten Assets wandern regelmäßig in andere Anlageklassen und werden damit gegen Schwankungen der Zukunft abgesichert. Dieses Prinzip verhindert zudem, dass riskante Anlagen, die tendenziell eine bessere Rendite erzielen, ein im Zeitablauf wachsendes Gewicht im Portfolio erhalten und so das Gesamtrisiko ungewollt erhöhen.

Strategie 2: Rebalancing

Strategie 2: Rebalancing / Renditeerwartung 8 – 10 Prozent p. a.

Diese Strategie eignet sich sehr gut, um langfristig zu agieren und auch immer wieder Geld einzuzahlen. Zudem funktioniert sie mit Kleinbeträgen. Ein großes Plus: Sie erfordert sehr wenig Aufwand. Grob geschätzt braucht die Einrichtung am Anfang vier oder fünf Stunden, und danach ist etwa eine halbe Stunde pro Monat erforderlich. Diese Strategie basiert auf Fonds, alternativ lässt sie sich jedoch auch mit ETFs oder sogar mit Aktien umsetzen. Wichtig ist es, sich eine Depotbank ohne Ausgabeaufschlag und Kaufgebühren auszusuchen.

Schritt 1: Wahl von 5 bis 10 Fonds mit unterschiedlichem Anlageschwerpunkt. Hier bieten sich unterschiedliche Länder, unterschiedliche Branchen, Aktien, Anleihen oder Rohstoffe an. Diese Vehikel sollen möglichst wenig miteinander korrelieren; wir streben eine diversifizierte Struktur an.

Schritt 2: Die Investmentsumme fließt in gleichen Teilen in die ausgewählten Vehikel.

Beispieldepot zu Beginn:

Deutsche Aktien	Rohstoffe	Anleihen	Aktien Weltweit	Emerging Markets

Schritt 3: Jeweils nach einem Monat oder spätestens nach drei Monaten findet ein Rebalancing statt. Hat ein Vehikel seinen Anteil am Gesamtdepot deutlich gesteigert, wird das Plus verkauft und fließt in das Vehikel mit der schlechtesten Performance. Was sich nur wenig bewegt hat, zieht keine Aktion nach sich.

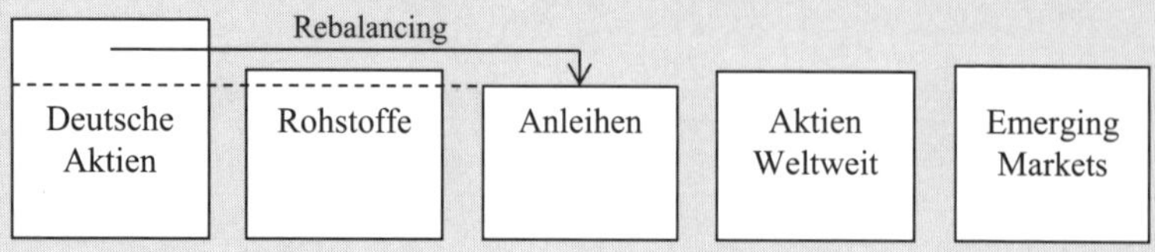

Gefahren: Keiner der ausgewählten Fonds darf ins Bodenlose oder auf null fallen. Denn sonst würde man immer wieder Geld nachschießen und es damit vernichten. Hier ist also regelmäßige Kontrolle nötig, ob die Qualität der Fonds noch gegeben ist.

Findet die Umschichtung vom besten in den schlechtesten Fonds regelmäßig statt, bleibt die prozentuale Verteilung im Gesamtdepot immer gleich. Meist fallen überdurchschnittliche Gewinne im Bereich der Aktien an. Was dort abgeschöpft wird, wandert in der Regel in Richtung Anleihen. Vergleichsweise riskant erwirtschaftetes Geld fließt also regelmäßig in weniger riskante Anlagen. Der Vermögenszuwachs ist damit besser abgesichert. Wer regelmäßig spart, kann die Volatilität einzelner Fonds doch noch auf eine weitere Weise nutzen. So lässt sich in schlechten Zeiten der durchschnittliche Einstandskurs senken: Wer die Entwicklung seiner Vehikel verfolgt, kann in Schwächephasen gezielt nachkaufen. Anders herum wird auch ein Schuh daraus: Wer Geld für seinen persönlichen Verbrauch benötigt, nutzt möglichst Phasen höherer Kurse für Gewinnmitnahmen. All das funktioniert jedoch nur dann richtig, wenn man erstens konsequentes Rebalancing betreibt und sich zweitens genügend Zeit lässt. Wer nur ein oder zwei Jahre Geduld aufbringt, wird kaum die beschriebenen Renditen erzielen.

Diese Strategie eignet sich auch für regelmäßige Einzahlungen. Dabei spielt es keine Rolle, ob Sie als Anleger regelmäßig den gleichen Betrag einsetzen, oder ob Sie immer dann Geld in das System investieren, wenn Sie gerade welches übrig haben.

Frisches Geld fließt grundsätzlich in den Topf mit dem geringsten Wert. Es wird also immer der Wert gekauft, der im Moment relativ am günstigsten zu haben ist. Folge: Ich kaufe immer günstig ein.

Das Ganze funktioniert auch anders herum: Wenn ich z. B. im Rentenalter ein regelmäßiges Einkommen brauche, dann entnehme ich das Geld immer aus dem größten Topf. Damit verkaufe ich immer aus dem Topf, der im Moment besonders werthaltig ist, und schöpfe damit die Gewinne ab.

Das Erfolgskriterium dieser Strategie liegt nicht so sehr in der Auswahl der Fonds – deren Performance schwankt ohnehin. Viel wichtiger ist eine möglichst geringe Korrelation der Töpfe.

Voraussetzung für das gute Funktionieren dieser Strategie sind unbedingt niedrige Transaktionskosten. Wer das Rebalancing betreibt (also Geld aus dem höchsten Topf abzieht und in den kleinsten Topf investiert) tätigt dabei ja zwei Transaktionen. Wenn dabei Gebühren anfallen, wird das schnell uninteressant. Zum Glück gibt es Möglichkeiten, Fonds ohne Ausgabeaufschläge zu kaufen und zu verkaufen. Selbst beim Handel über die Börse lassen sich die Gebühren minimieren bei einem Discountbroker.

Wie oft muss man Rebalancing betreiben? Dafür gibt es sogar wissenschaftliche Untersuchungen. Ergebnis: nicht sehr oft. Es hängt stark von den Gebühren ab, die bei den Transaktionen anfallen. Außerdem ist zu berücksichtigen, dass bei jedem Verkauf (bei Gewinn) auch Steuern anfallen, die meinen Vermögenswert vermindern. In der Praxis wird man das Rebalancing zwei bis vier Mal im Jahr durchführen. Zeitaufwand: jeweils eine halbe Stunde.

Mir persönlich war das zu wenig, ich wollte mehr tun. Also habe ich folgende Regel befolgt:

1. Jeden Monat habe ich mich in das Depot eingeloggt.
2. Die fünf Werte habe ich nach dem Depotbestand sortiert, also nach der Spalte »Gesamtwert in Euro«.
3. Falls ich Geld zum Einzahlen hatte, habe ich es in den Topf mit dem geringsten Wert eingezahlt. Dann habe ich die Tabelle neu sortiert.
4. Wenn der Unterschied vom höchsten zum niedrigsten Wert eine bestimmte Schwelle überschritten hat (z. B. 2.000 Euro), dann habe ich den hohen verkauft und den niedrigen gekauft, und zwar genau für die Hälfte der Differenz (also z. B. 1.000 Euro).

Depot	Inhaber	Exportdatum
Xxxx	Johann Köber	13.07.17 16:28

Gesamtdepotwert (EUR)	Entwicklung absolut (EUR)	Entwicklung prozentual
121.560,97	17.538,86	16,9%

Name	Stück/Nominal	Einstandskurs inkl. NK	Investiertes Kapital	Veränderung Intraday	Kurs	Gesamtwert EUR	Entwicklung absolut	Entwicklung prozentual
Cccc	950,00	20,222558	19.211,43	0,54	23,401	22.230,95	3.019,52	15,72
Aaaa	600,00	35,750533	21.450,32	0,10	38,982	23.389,20	1.938,88	9,04
Dddd	524,00	44,365324	23.247,43	0,10	46,843	24.545,73	1.298,30	5,58
Eeee	187,00	80,331444	15.021,98	-0,49	137,35	25.684,45	10.662,47	70,98
Bbbb	141,00	177,95	25.090,95	0,80	182,345	25.710,64	619,70	2,47

Gesamtdepotwert (EUR)	121.560,97

Beispiel: Rebalancing

Ich sortiere die Tabelle nach der Spalte »Gesamtwert EUR«. Das habe ich im obigen Bild bereits getan. Ergebnis: Ich muss Cccc kaufen und kann Bbbb verkaufen. Die Höhe der Transaktion beläuft sich auf folgende Summe:

(25.710,64 Euro - 22.230,95 Euro) : 2 = 1.739 Euro

Ich verkaufe also Bbbb für 1.739 Euro und kaufe Cccc für ebenfalls 1.739 Euro. Fertig!

Nach dieser Transaktion besitze ich also gleich viel von Bbbb und Cccc, nämlich Anteile im Gesamtwert von jeweils 23.971 Euro. Die Spanne in meinem Depot beträgt nun im Minimum 23.389 Euro und im Maximum 25.684. Die Differenz ist also gesunken auf 2.295 Euro.

Diese Regeln sind so einfach, dass jeder die Investments handhaben kann, wenn das Depot einmal eingerichtet ist und wenn die Investments von Aaaa bis Eeee erst ausgesucht sind. Sie gehen dabei rein mechanisch vor, ohne über die Hintergründe, warum etwas gestiegen oder gefallen ist, nachzudenken. Einige Jahre hat meine Assistentin (die vorher mit Geldanlagen oder Börse keine Erfahrung hatte) das System für mich gehandelt, indem sie jeden ersten Montag im Monat einfach die obigen Regeln abgearbeitet hat. Danke, Katharina, für das jahrelange fehlerfreie Trading!

Wichtig bei dieser Strategie ist nur, dass keines der Investment Vehikel jemals pleitegeht oder wertlos wird. Wenn das auch nur im Entferntesten zu befürchten wäre, müsste man das betreffende Vehikel komplett verkaufen und durch ein anderes ersetzen. Wenn einer der Töpfe nämlich ständig im Wert sinken würde, dann würden wir ja alles in diesen Topf investieren und bei einer Pleite alles verlieren.

Deshalb lässt sich diese Strategie gut in großen Märkten umsetzen (also Fonds). Es wäre aber zu gefährlich, hier einzelne Aktien einzusetzen. Außerdem wären bei Aktien die Kauf- und Verkaufsspesen zu hoch.

Eine Voraussetzung für das Funktionieren dieser Strategie besteht darin, dass nicht ein einzelner von den fünf Töpfen ins Bodenlose fällt. Dann würde nur noch in diesen Topf investiert auf Kosten der anderen Töpfe. Wenn dann dieser Topf pleitegehen würde, wäre das investierte Geld weg.

Das Risiko einer Pleite ist bei Fonds gering, weil ja immer in mehrere Aktien, Anleihen, Immobilien usw. investiert wird. Dennoch ist zu empfehlen, sich einmal im Jahr seine fünf Töpfe anzuschauen und zu prüfen, ob es bessere Alternativen gibt. Finde ich z. B. einen Fonds, der den Bereich »Renten« besser abdeckt als mein bisheriger Fonds, dann kann ich die beiden Fonds austauschen.

»Besser« kann in diesem Zusammenhang entweder heißen, dass er meinen Investmentvorstellungen besser entspricht, dass er eine höhere Rendite erwarten lässt oder dass er einfach mit geringeren Kosten verbunden ist. Der bisherige Fonds wird also verkauft und das Geld wird in den neuen Fonds investiert. Leider zweigt das Finanzamt dabei seinen Anteil an dem bei dieser Gelegenheit realisierten Gewinn ab.

Beispiel: Der Fonds A-Renten ist nicht mehr mein Favorit. Jetzt soll es der B-Renten-Plus sein, der besser meinen Anlagevorstellungen entspricht (z. B. keine Investitionen in Staaten ohne Demokratie). Außerdem sind die Kosten (TER – total expense ratio) um 0,2 Prozentpunkte geringer.

In den Fonds A-Renten habe ich bisher 20.000 Euro investiert. Der Kurswert beim Verkauf beträgt nun 35.000 Euro.

Jetzt kann ich leider nicht 35.000 Euro in den Fonds B-Renten-Plus investieren. Denn das Finanzamt kommt dazwischen. Berechnung bei Anlage im Privatvermögen und ohne Kirchensteuer:

Erlös A-Renten Fonds	35.000
Anschaffungskosten	20.000
Steuerlicher Gewinn	15.000
Davon 25 Prozent Abgeltungssteuer	3.750
Davon 5,5 Prozent Soli	207 (aufgerundet)
Verbleiben	31.043

Ergebnis: Es können nur 31.043 Euro in den B-Renten-Plus Fonds investiert werden. Vermutlich wird nun ein Rebalancing erforderlich.

Gewinnen mit Aktien

Sogar die viel gescholtenen Fonds bieten beachtliche Renditechancen mit der passenden Strategie. Außerdem können wir die Geldanlage mit einer durchdachten und renditeträchtigen Strategie sogar auch an Profis delegieren, die nicht nur den eigenen Vorteil im Sinn haben. Doch irgendwann werden die meisten von Ihnen auf den Geschmack kommen und sich fragen, ob sich die 8 bis 10 Prozent pro Jahr nicht noch steigern lassen. Die Antwort ist einfach: Das geht! Dazu eignen sich Aktien und Optionen, beide Wertpapiergattungen erfordern jedoch das entsprechende Know-how. Wer »einfach mal so« loslegt, dürfte die Erfahrungen der meisten anderen Anleger machen – keine guten. Auf den folgenden Seiten möchte ich daher Wege aufzeigen, wie Sie die Fehler der Anderen vermeiden können. Denn angesichts der statistisch überzeugenden Rendite von Aktien können bei der schlechten Performance der durchschnittlichen Privatanleger schließlich nur Fehler daran schuld sein, dass der Erfolg ausbleibt. Wer einfach 20 Jahre Buy-and-Hold durchhält, muss bislang immer gut weggekommen sein.

In diesem Kapitel sollen zunächst die Aktien im Mittelpunkt stehen, ich möchte zeigen, wie man sie auswählt, kauft und verkauft sowie damit Geld verdient. Wie bei Fonds kann auch der Weg zur Aktie über sehr unterschiedliche Wege führen. Welchen Sie gehen, sollten Sie von den Rahmenbedingungen, Ihrer Strategie und von den avisierten Wertpapieren abhängig machen. Denn nur wenn Sie das Gesamtkonstrukt passend gestalten, werden Sie Ihre Chancen bestmöglich nutzen und die statistisch mögliche Rendite Ihrer Börsengeschäfte auch tatsächlich erzielen. Und das Ergebnis kennen Sie ja schon: Aktien versprechen die höchsten Renditen im Vergleich zu anderen Anlageformen. Den Grund dafür haben Sie bereits kennengelernt: Aktien profitieren von der anhaltenden Wertschöpfung. Eine Aktiengesellschaft verkauft beispielsweise Autos, vermarktet Software oder vermietet Immobilien. Gute Unternehmen zeichnen sich dadurch aus, dass sie dies über einen langen Zeitraum und sehr erfolgreich tun – und mit einer großen Sicherheit. Um dieses Prinzip zu verdeutlichen, möchte ich die Wertschöpfung genauer erläutern. So bezieht ein Unternehmen Rohstoffe oder Vorprodukte, es benötigt Geschäftsräume, verbraucht Energie und beschäftigt Mitarbeiter. All das kostet Geld. Dem gegenüber stehen Einnahmen aus dem Verkauf von Produkten, aber auch aus dem Finanzbereich – etwa in Form von Vermögensgewinnen. Aus dieser Rechnung sollte sich ein Überschuss ergeben, die Wertschöpfung des Unternehmens. Diese fließt beispielsweise an Mitarbeiter, an den Fiskus, in die eigenen Rücklagen und eben auch in Form von Dividenden an die Aktionäre. Die Börse spiegelt derartige Erfolge durch steigende Kurse wider. Macht ein Unternehmen im positiven Sinne von sich reden, bewerten viele Anleger das positiv und kaufen die Aktie. Hier gilt die einfache Regel von Angebot und Nachfrage: Immer mehr Käufer möchten davon profitieren.

Bevor wir uns genauer mit Aktienstrategien befassen, möchte ich analog zum Kapitel über Fonds auch hier das Drumherum beleuchten. Zunächst einmal lässt sich festhalten, dass die Deutschen ein Volk von Aktienmuffeln sind. Nach Angaben des Deutschen Aktieninstituts besitzen nur knapp 9 Millionen Personen hierzulande Aktien oder Aktienfonds und nur gut 7 Prozent des Geldvermögens liegt in Aktien. Dabei konstatiert das Institut sogar eine abnehmende Tendenz: 2016 haben sich demnach rund 30.000 Anleger von der Börse verabschiedet. Als wichtigen Grund für diese Zurückhaltung identifizieren die Forscher, dass die meisten Menschen umfangreiche, wirtschaftliche Kenntnisse als Grundlage des Börsenerfolgs vermuten – sicher nicht ganz zu Unrecht. Wenn aber die Kurse steigen, obwohl sich viele Menschen von der Börse zurückziehen – wer tritt dann als Käufer auf? Die Antwort spiegelt sich in den Besitzstrukturen deutscher Aktiengesellschaften wider. Deren Anteile gingen in den vergangenen Jahrzehnten vor allem an institutionelle Anleger aus dem Ausland, etwa an Fondsgesellschaften oder Pensionskassen. Insgesamt gehören nach Angaben des DAI mittlerweile mehr als 50 Prozent der deutschen Aktien ausländischen Investoren. Der deutsche Aktienmarkt gilt also auch international als attraktiv. Diese Erkenntnis bedeutet auf der einen Seite, dass sich zu viele Menschen die Potenziale der Börse entgehen lassen. Doch auf der anderen Seite offenbart sie die internationale Verflechtung der Märkte. Offensichtlich lohnt es sich, über den Tellerrand zu blicken und den eigenen Fokus zu erweitern.

Grundlegendes zu Aktien

Wer an irgendeiner Börse der Welt Aktien kaufen will, sollte sich zuvor mit den wichtigsten Eigenschaften dieser Assetklasse auseinandersetzen. Sie wissen bereits, dass Aktien Sachwerte repräsentieren und damit einen echten sowie greifbaren Gegenwert widerspiegeln. Jeder Aktionär besitzt einen Anteil an der jeweiligen Aktiengesellschaft (AG). Dieser kann in Deutschland in Form von Nennwert- oder Stückaktien verbrieft sein. So lauten Nennwertaktien auf einen bestimmten Geldbetrag des Stammkapitals. Liegt dieses bei 1 Mio. Euro, kann es zum Beispiel in 10.000 Aktien mit Nennwert 100 Euro aufgeteilt sein. Stückaktien oder nennwertlose Aktien repräsentieren lediglich einen bestimmten Anteil am Stammkapital. Unterscheiden lassen sich Aktien auch aufgrund ihres Emissionszeitpunkts – es existieren neue (oder junge) und alte Aktien. Neue Aktien werden beispielsweise im Rahmen einer Kapitalerhöhung ausgegeben. Da es jedem Anteilseigner möglich sein muss, seinen prozentualen Anteil am Stammkapital des Unternehmens beizubehalten, besteht das Recht auf Zuteilung bzw. Kauf einer bestimmten Anzahl der neuen Aktien. Ist die Zuteilungsphase abgeschlossen, entfällt die Unterscheidung in neue und alte Aktien. Mitunter verändern Aktiengesellschaften den Anteil einer Aktie am Stammkapital, meist erfolgt dazu ein sogenannter Split – aus einer Aktie werden mehrere. Nach einem Split von 2:1 beispielsweise hat ein Aktionär daher statt einer nun zwei Aktien im Depot. Ein solcher Split hat also keine Auswirkungen auf den jeweiligen Anteil am Stammkapital, lediglich der Börsenkurs halbiert sich. Diese Strategie wenden Firmen beispielsweise dann an, wenn ihr Kurs sehr hoch steht und Anleger vom Kauf abschreckt. Doch nicht immer agiert ein Unternehmen auf diese Weise. So belief sich der Kurs der Lindt-&-Sprüngli-Aktie bei Drucklegung dieses Buches auf rund 4.800 Euro. Kein Papier also, das man sich für kleines Geld ins Depot legt.

Wer hierzulande Aktien kauft, stolpert zudem oft über die Begriffe Stammaktien (ST) und Vorzugsaktien (VZ). Letztere besitzen keine Stimmrechte, werden als Entschädigung dafür jedoch bei der Gewinnausschüttung bevorzugt – die Dividenden liegen um einige Cent höher. Bekanntestes Beispiel dafür dürfte Volkswagen sein. Die Dividende der Vorzüge belief sich 2016 auf 2,06 Euro, der Stammaktien auf 2,03 Euro. Durch die Unterscheidung der Gattung stellt der Wolfsburger Konzern sicher, dass beispielsweise das Land Niedersachsen als Eigentümer von lediglich 11,8 Prozent des gezeichneten Kapitals jedoch über 20 Prozent der Stimmrechte verfügt. (Stand: 31.12.2016, Quelle: Volkswagen Konzern.) Das Aktienrecht kennt zudem die Unterscheidung in Inhaberaktien und Namensaktien. Inhaberaktien lassen sich leicht auf einen anderen Inhaber übertragen. Bei Namensaktien dagegen wird der Aktionär mit seinem Namen im Unternehmensbuch verzeichnet. Zudem existieren vinkulierte Namensaktien, sie dürfen nur mit Zustimmung der Gesellschaft übertragen werden. Wer in den USA handelt, wird noch über eine weitere Gattung stolpern, sogenannte ADRs (American Depository Receipts) oder ADS (American Depository Shares). Dabei handelt es sich um Aktienzertifikate oder Hinterlegungsscheine, dank derer nicht US-amerikanische Unternehmen an US-Börsen notiert sein können. ADRs notieren in Dollar und werden in der Regel von amerikanischen Depotbanken (depositary banks) in den USA ausgegeben. Diese Scheine repräsentieren eine bestimmte Anzahl an hinterlegten Aktien des jeweiligen Unternehmens und können an US-Börsen wie die eigentlichen Aktien gehandelt werden. Beispiele dafür sind ADRs der japanischen Autobauer Toyota und Honda an der NYSE (New York Stock Exchange). Der große Vorteil dieser Scheine ist, dass man an den liquiden

US-Börsen auch interessante Firmen aus anderen Ländern handeln kann. Eindeutig bezeichnet werden Aktien mit Hilfe von Wertpapierkennnummer (WKN), International Securities Identification Number (ISIN) oder Symbol. In Deutschland verbreitet sind die beiden ersteren, in den USA sind die Symbole weitaus üblicher. Coca Cola zum Beispiel hat für den Handel in Deutschland die WKN 850663 und die ISIN US1912161007, an der NYSE in New York ist der Getränkekonzern unter dem Symbol KO notiert. Wichtig ist diese Unterscheidung für Anleger, die an US-Börsen oder über angelsächsische Broker handeln wollen. In beiden Fällen kommen Sie mit der hier gebräuchlichen WKN oder ISIN nicht weit, wenn Sie nach einem Papier suchen.

Ein großer Pluspunkt von Aktien besteht darin, dass sie ihrem Besitzer zahlreiche Rechte verleihen. Diese Rechte werden in Deutschland durch das Aktiengesetz (AktG) vorgegeben und sind damit garantiert. So darf ein Aktionär bei »seinem« Unternehmen mitbestimmen und kann dessen Entscheidungen damit beeinflussen. Demnach besteht das Recht zur Teilnahme an der Hauptversammlung (HV). Damit verbunden sind Stimmrecht, Rederecht, Recht auf Auskunftserteilung, Antragsrecht sowie das Recht auf Anfechtung der HV-Beschlüsse. Darüber hinaus besteht das Recht auf einen Anteil am Bilanzgewinn (sofern er ausgezahlt wird) und damit das Recht auf einen Dividendenanteil. Gibt die AG neue Aktien aus, erhalten bestehende Aktionäre automatisch ein Bezugsrecht, sie dürfen diese vorrangig erwerben. Zuletzt besteht ein Recht auf den Anteil am Liquidationserlös, falls das Unternehmen aufgelöst wird. Weitergehende Bestimmungen finden sich in der Satzung der jeweiligen Aktiengesellschaft. Verglichen mit vielen anderen Assetklassen verfügen Aktien damit über sehr viele Vorteile. Erinnern Sie sich bitte an die mehr oder weniger versteckten Nachrangklauseln und sonstigen Einschränkungen vieler alternativer Investments. All das spielt im Aktienmarkt keine Rolle. Jeder Aktionär erhält automatisch umfangreiche Rechte. Doch interessieren sich die meisten Anleger im täglichen Geschäft kaum für diese Rechte, und auch die genannten Unterschiede zwischen den Gattungen sind für sie kaum von Belang. In der Regel geht es ihnen meist nur darum, die richtige Aktie zum richtigen Zeitpunkt zu kaufen und mit Gewinn wieder zu verkaufen.

Aber was heißen *Gewinn* und *richtige* Aktie? Und wie hängt beides mit dem Marktumfeld zusammen? Reicht es tatsächlich, *die* Aktie zu kaufen? Zunächst einmal kann sich kaum eine Firma der Gesamtlage entziehen. Da mögen die Geschäfte unserer Unternehmen noch so gut laufen: Von einem fallenden Markt werden ihre Aktien in aller Regel mitgezogen. Es ist kaum zu erwarten, dass wir in einem Bärenmarkt einen Gewinner finden. Wer auf steigende Kurse setzt, sollte dies daher im passenden Umfeld tun und den aktuellen Verlauf des jeweiligen Index als Richtschnur für seine Strategie heranziehen. Daran können wir uns nun messen. Sie haben bereits gehört, dass Fonds nur selten besser abschneiden als ihre Benchmark. Wenn wir das Heft des Handelns selbst in die Hand nehmen, knebeln uns keine ungünstigen Statuten, und wir müssen uns selbst auch keine Gebühren bezahlen. Wir sollten daher deutlich besser abschneiden, oder? Prinzipiell ja, denn um diesem Anspruch zu genügen, müssen wir lediglich eine der beiden folgenden Bedingungen erfüllen:

1. Die guten Phasen mitnehmen und die schlechten aussitzen oder
2. solche Werte aussuchen, die besser sind als der Index.

Selbstverständlich gestalten sich diese Strategien keineswegs einfach, sonst würden mehr Menschen an der Börse Geld verdienen. Doch rufen wir uns zunächst das Potenzial nochmals in Erinnerung: Nach Berechnungen des DAI beträgt die Durchschnittsrendite des DAX der letzten Jahrzehnte immerhin 8,3 Prozent. Wenn wir den Index schlagen, winken also 9 oder mehr Prozent Wertzuwachs pro Jahr. Damit lägen wir weit über der Inflationsrate und noch sehr viel weiter über den Renditen aller populären Anlageformen. Beginnen wir mit der ersten Möglichkeit und versuchen wir, die guten Phasen zu identifizieren. Dazu müssen wir vor allem herausfinden, wann sich Märkte oder Einzelwerte in eine bestimmte Richtung bewegen und wann sie ihre Richtung ändern.

Der Trend – technische Analyse

Bewerkstelligen lässt sich diese Aufgabe, indem wir Kursbewegungen der Vergangenheit analysieren. Denn ganz unabhängig von der Auswahl eines Portfolios und der zeitlichen Dimension eines Engagements hat sich eines gezeigt: Märkte entwickeln sich in Trends – mal geht es über einen bestimmten Zeitraum aufwärts, mal abwärts und mal seitwärts. Es gilt also, diese Trends zu erkennen und entsprechend zu agieren. So hat sich in den letzten Jahrzehnten gezeigt, dass Trendfolgestrategien die besten Renditen erzielen. Nicht umsonst heißt eine alte Börsenweisheit: »The trend is your friend.« Das Prinzip dahinter haben Sie als erste Bedingung kennengelernt: Die guten Zeiten mitnehmen und in den schlechten nicht investiert sein. Noch mehr Geld verdient derjenige, der auch auf fallende oder gleich bleibende Kurse spekuliert und damit von jeder Marktentwicklung profitiert. Wer sich der Trendfolge verschreiben will, muss jedoch vorab mehrere Entscheidungen treffen: Die erste betrifft den Zeitrahmen. Geht es um langfristige Trends oder nur um Bewegungen innerhalb weniger Tage? Die zweite betrifft das Portfolio. Sollen die Trends einzelner Werte genutzt werden oder die des Gesamtmarktes? Drittens stellt sich die Frage, welche Strategien bei fallenden oder gleich bleibenden Kursen zum Einsatz kommen und ob diese überhaupt eingesetzt werden sollen. Doch egal welche Trends auf welche Art und Weise genutzt werden sollen, zunächst einmal muss man sie identifizieren.

Hilfsmittel zur Analyse

Zu den Standards der Trenderkennung und -vorhersage gehört es, grafisch dargestellte Kursbewegungen – sogenannte Charts – für unterschiedliche Zeiträume zu analysieren. Dazu sind weder mathematisches Geschick noch- Programmier- oder Grafikkenntnisse nötig. Im Internet bieten unzählige Seiten die Möglichkeit, Chartanalyse zu betreiben. Entsprechende Funktionen für deutsche und internationale Aktien enthalten beispielsweise die Websites vieler Discountbroker wie Consorsbank, ING-DiBa oder Comdirect. Weitergehende Möglichkeiten bieten spezielle Börsenseiten wie Onvista. Angaben zum US-Markt finden sich auf Google Finance. Für einfache Analysen reichen die genannten Angebote vollkommen aus, tiefer einsteigen können Sie im Internet kostenlos bei freestockcharts.com. Diese Seite umfasst allerdings nur Firmen, die an US-Börsen wie NYSE und NASDAQ notiert sind.

Bei den genannten Anbietern lassen sich die Charts einzelner Aktien oder auch von Indizes anzeigen. Dabei finden sich – mal mehr, mal weniger – Funktionen für die Analyse. Zunächst einmal lässt sich die Art der Kurslinie variieren, etwa als Linien-, Candlestick- oder Balkenchart. Während ein Linienchart lediglich die Tagesschlusskurse anzeigt, enthalten Candlestick- und Balkencharts auch Anfangs-, Höchst- und Tiefstkurse eines jeden Börsentages. Visualisieren lässt sich auch das Handelsvolumen. Es gibt an, wie viele Aktien eines Unternehmens den Besitzer wechselten. Zur Chartanalyse lassen sich diese Basisangaben um Durchschnittslinien und technische Indikatoren ergänzen. Die bekanntesten heißen MACD, (Moving Average Convergence Divergence), RSI (Relative Stärke Index) und Bollinger Bands. Dabei handelt es sich um mathematisch berechnete Zeitreihen, die, verkürzt gesagt, dabei helfen sollen, Kauf- und Verkaufssignale zu erkennen. Ein Anleger will schließlich wissen, wann er eine Akte (billig) kaufen, wie lange er sie behalten und wieder (teuer) verkaufen soll.

Die Chartanalyse zielt also nicht darauf ab, die Qualität eines Unternehmens und seiner Produkte zu beurteilen, sondern einzig und allein darauf, die Kursentwicklung zu analysieren. Auch wenn dieses rein auf Kursgrafiken fokussierte Vorgehen manchen Anlegern weit hergeholt erscheinen mag, birgt es eine zwingende Logik: Fundamentale Daten spiegeln sich im Chart. Wer Chartanalyse betreibt, lässt diese also keinesfalls außer Acht. Beispielsweise zeigen sich die im Vergleich zu Apple schlechteren Geschäfte von Nokia auch grafisch sehr deutlich. Doch zurück zur Identifikation von Signalen. Eine einfache Möglichkeit dazu bietet der sogenannte gleitende Durchschnitt (GD) oder auf Englisch Moving Average. Dabei wird im Chart zusätzlich zur Kurslinie eine Durchschnittslinie gezeichnet. Diese berechnet sich aus dem Durchschnittskurs der letzten x Börsentage. X deshalb, weil man ganz unterschiedliche Zeiträume nutzen kann. Gebräuchlich sind etwa 10, 20, 38, 90 und 200 Tage. An jedem Börsentag wird also der Durchschnitt der vergangenen x Börsentage ausgerechnet und im Chart angezeigt. So entsteht eine zweite Linie, die träger reagiert und der Kursentwicklung hinterherhinkt. Als Beispiel sehen wir in der folgenden Abbildung die 38-Tage-Line (in hellgrau) eingeblendet. Diese kreuzt den Aktienkurs immer wieder, und diese Kreuzungen nutzt die Chartanalyse oftmals als Handelssignale. Die Grundregel ist ganz einfach: Durchstößt die Kurslinie einen gleitenden Durchschnitt von unten, deutet dies auf einen (beginnenden) Aufwärtstrend hin und ist damit ein Kaufsignal. Fällt dagegen der Kurs unter seinen Durchschnitt, zeigt der Chart ein Verkaufssignal.

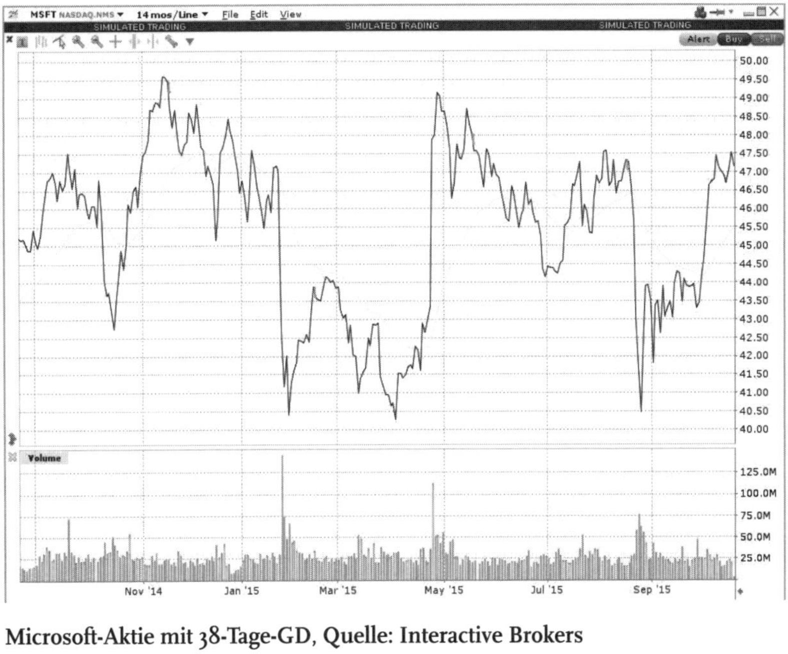

Microsoft-Aktie mit 38-Tage-GD, Quelle: Interactive Brokers

Leider stimmt diese Regel nicht immer, es zeigen sich diverse Fehlsignale. Hätten wir im Juni 2015 stets nach diesem Prinzip gehandelt, hätte der Kaufkurs zweimal hintereinander unter dem Verkaufskurs gelegen. Doch immerhin wird der Absturz im Februar 2015 frühzeitig angezeigt und der Anstieg im Mai ebenso. Insgesamt bringt der Handel nach diesen Signalen beim betrachteten Zeitraum der Microsoft-Aktie ein eindeutiges Plus, fast immer lag bei diesem Beispiel der Ausstiegskurs über dem Einstiegspreis. Die großen Anstiege ergeben zusammengerechnet ein Plus von rund 7 Dollar, die kurzen Haltezeiträume gehen jeweils etwa mit dem Ergebnis 0 über die Bühne. Allerdings bergen diese vielen Signale die Gefahr, während eines intakten Trends auszusteigen. Zudem fallen durch laufende Käufe und Verkäufe ständig Kosten an. Insgesamt liegen wir jedoch bei unserem Microsoft-Beispiel richtig mit der Trendfolge nach Signalen. Die Performance des Gesamtzeitraumes beträgt nur rund 2,20 Dollar – deutlich weniger also.

Microsoft-Aktie mit 90-Tage-GD, Quelle: Interactive Brokers

Etwas anders sieht das Bild mit der 90-Tage-GD-Linie aus. Dieses zeigt zwar fast genauso viele Signale an – was angesichts der hohen Volatilität kein Wunder ist – jedoch bei anderen Kursen. Rechnen wir hier die Performance unserer Käufe und Verkäufe zusammen, kommen wir lediglich auf ein Plus von 4,50 Dollar.

Wer sich noch weitere Charts mit Durchschnittslinien anschaut, dürfte auf Anhieb wiederkehrende Muster erkennen. Gut zu sehen ist, dass die Anzahl dieser Signale abnimmt, je länger der Zeitraum des gleitenden Durchschnitts gewählt wird. Wer seine Investmententscheidungen lediglich von der 90- oder 200-Tage-Linie abhängig macht, wird selten zum Zug kommen und nur einen kleinen Teil der Kurssteigerungen mitmachen. Allerdings bieten die Durchschnitte sehr langer Zeiträume auch »faulen« Anlegern die Chance, Trendfolgestrategien zu realisieren. Dazu gehört eine wenig volatile Aktie und es reichen seltene Blicke auf den Chart. Die Wahl des GD-Zeitraums richtet sich also auch nach dem Anlagehorizont. Die Frage lautet: Wie lang- oder kurzfristig möchte ich handeln? Weil sich unterschiedliche Durchschnitte wählen lassen, können wir damit verschiedene Trendfolgestrategien realisieren. Zunächst einmal kommt es jedoch darauf an, die für »seine« Aktie passenden Durchschnitte zu identifizieren und herauszufinden, welche Linien zu wenige und welche zu viele Signale liefern. Meist lässt sich diese Frage bei einem Blick auf den Chart und auf unterschiedliche GDs klären.

Strategie 3: Trendfolge

Strategie 3: Trendfolge / Renditeerwartung 10 – 20 Prozent p. a.

Strategie 3 erfordert mehr Engagement vom Anleger als die vorigen. Dafür zeigt die Erfahrung, dass sie auch eine höhere Rendite bringt – allerdings bei höherem Risiko. Nötig ist ein täglicher Blick auf das Portfolio, die Regeln sind wieder sehr einfach:
Schritt 1: Identifikation von Aktien mit eindeutigen Trends
Schritt 2: Identifikation des optimalen Zeitraums für den GD
Schritt 3: Kauf der jeweiligen Aktie, wenn der Aktienkurs den GD von unten nach oben durchstößt.
Schritt 4: Verkauf der Aktie, wenn der Aktienkurs den GD von oben nach unten durchstößt.

Dieses Spiel führen wir immer wieder durch, wenn die jeweiligen Signale gegeben werden. Um die genannte Rendite tatsächlich zu erzielen, sind zwei Voraussetzungen zu erfüllen: Erstens braucht es Aktien und gleitende Durchschnitte, die wenige Fehlsignale liefern. Zweitens ist aus Gebühren- und Steuergründen ein Depot bei einem angelsächsischen Broker sinnvoll und damit auch die Auswahl von US-Aktien. Auch sind zu häufige Transaktionen zu vermeiden.

Ein großer Vorteil dieser Strategie besteht darin, dass man Verluste in der Regel sehr stark eingrenzt, weil man frühzeitig verkauft.

Gefahren: Es wird immer Fehlsignale geben. Bei einem Börsencrash dürfte das Ausstiegssignal viel zu spät kommen.

Selbstverständlich spielt die Aktie selbst eine große Rolle für Ausgestaltung und Erfolg dieser Strategie. Ein sehr volatiles Papier beispielsweise wird sich eher für kurzfristige Käufe und Verkäufe eignen, ein langweiliges Unternehmen passt besser zu wenig aktiven Anlegern. Noch einmal: Entscheidend ist es, Aktie und Durchschnitt gut aufeinander abzustimmen; ein wenig Detektivarbeit muss daher sein. Diese Analyse lässt sich übrigens für jede beliebige Aktie durchführen, aber auch Indizes eignen sich dafür. Mit Hilfe von Indexzertifikaten zum Beispiel können wir auch hier mitspielen. Ein Blick auf den Chart lohnt ohnehin vor jeder Kauf- und Verkaufsentscheidung. Auf diese Weise lässt sich oft vermeiden, während eines Abwärtstrends einzusteigen und damit in das berüchtigte fallende Messer zu greifen. Ebenso verhindert die Chartanalyse, Wertpapiere zu kaufen, die zu teuer sind. Selbstverständlich gibt es keine Gewähr, dass diese Regeln stets die richtige Entscheidung zum richtigen Zeitpunkt hervorrufen. Doch helfen sie dabei, strategisch vorzugehen und das Bauchgefühl als Ratgeber zu umgehen.

Kreuzungen bei kurzen Durchschnittszeiträumen, Quelle: Interactive Brokers

Bislang haben wir uns mit der Chartanalyse mithilfe eines Durchschnitts beschäftigt. Doch ist es auch möglich und sinnvoll, mehrere Durchschnitte in einem Chart zu kombinieren und auch die Kreuzungspunkte zweier unterschiedlicher Durchschnitte in die Entscheidung einfließen zu lassen. Wir wählen daher beispielsweise den 10- und 20-Tage-GD gleichzeitig. Auch für diese Analysetaktik gilt eine einfache Regel: Durchstößt der kürzere Durchschnitt den längeren von unten nach oben, zeigt sich ein Kaufsignal. Ein Verkaufssignal ergibt sich im umgekehrten Fall. Dies funktioniert, weil sich die Trendlinien häufig in der Nähe von Trendwenden des Aktienkurses kreuzen.

In der obigen Abbildung sehen Sie die Disney-Aktie mit dem 10- und 20-Tage-GD. Im November 2014 zeigen die Linien einen eindeutigen Einstieg, im Dezember ist es dann allerdings vorbei mit der Klarheit. Angesichts einer großen Volatilität ergaben die kurzen Durchschnittszeiträume häufige oder unklare Ein- und Ausstiegssignale. Wer sich danach gerichtet hätte, hätte vor allem Kosten produziert. Der Absturz im August wurde jedoch korrekt und relativ frühzeitig angezeigt. Ganz anders bei den längeren GD-Zeiträumen aus der folgenden Abbildung. Diese liefern das Ausstiegssignal erst, nachdem der Kurs bereits kräftig eingebrochen ist. Noch ein Problem: Wir bekommen im November 2014 nicht einmal ein Einstiegssignal, die 38-Linie läuft immer knapp über der 60-Linie. Wer also nicht vor Beginn des angezeigten Chartzeitraumes gekauft hat, ging komplett leer aus und kaufte erstmals im Oktober 2015 nach einem Jahr Wartezeit.

Diese anhand der beiden Charts vorgestellten Regeln klingen zwar einfach, wir sehen jedoch auch hier, dass die Realität leider nicht immer mitspielt. So wird es nur ganz selten gelingen, die optimalen Ein- und Ausstiegspunkte zu erwischen. Doch darum geht es auch gar nicht. Vielmehr wollen wir ganz im Sinne unserer ersten Regel von oben die guten Phasen mitnehmen und die schlechten aussitzen. Dieser Anspruch lässt sich mithilfe der Chartanalyse oftmals einlösen. Im Ergebnis erhalten wir bei Handel strikt nach Signalen der gleitenden Durchschnitte eine bessere Performance, als wenn wir

Aktien einfach kaufen würden und dann liegen ließen. Doch egal ob wir mit einzelnen Durchschnitten arbeiten oder mit den Kreuzungen von zweien: Anhand der historischen Kursentwicklung müssen wir sehr genau analysieren, welche Durchschnitte und Zeiträume bislang die besten Ergebnisse gebracht haben. Dieser Zusammenhang dürfte auch in Zukunft eine Rolle spielen, denn grundsätzliche Eigenschaften wie die Volatilität einer Aktie ändern sich in der Regel nicht so schnell.

Kreuzungen bei längeren Durchschnittszeiträumen, Quelle: Interactive Brokers

Noch ein ganz wichtiger Punkt: Die Systematik des Handels nach Signalen gewährleistet, dass die Entscheidungen nicht aufgrund psychologischer Momente fallen, sondern rein zahlenbasiert getroffen werden. Erforderlich ist es zudem, die Nerven zu behalten. Zeigen sich bei den ausgewählten Werten über längere Zeiträume keine Kaufsignale, heißt die Devise Aussitzen. Hier gilt es, den Cash-Bestand trocken zu halten. Selbstverständlich bietet es sich in nicht investierten Situationen an, die Aktienauswahl zu überprüfen. Vielleicht bieten sich andere Werte an, die Einstiegssignale zeigen. Unsere zweite Disney-Variante wäre definitiv ein Fall, den wir anpassen müssten. Wir sollten uns jedoch immer daran erinnern: Entscheidungen aufgrund eines Bauchgefühls können wir mit Hilfe der technischen Analyse vermeiden. Gehandelt wird ausschließlich dann, wenn die entsprechenden Signale kommen. In welcher Häufigkeit dies geschieht, hängt vom allgemeinen Börsenumfeld ab, aber auch von den jeweiligen Unternehmen sowie Sektoren. Beispiele für sehr volatile Unternehmen finden sich im Technologiesektor. Hier eignen sich kurze Durchschnittszeiträume. Ganz langweilig ist dagegen die Zigarettenindustrie, selbst der 90-Tage-GD liefert nur selten Signale.

! Die 13. Grundregel: Trends lassen sich nutzen!

Noch einige Sätze zur praktischen Umsetzung: Die meisten von uns sind berufstätig und können oder wollen sich nicht ständig mit ihrem Depot beschäftigen. Vor allem, um zu verhindern, dass man Verkaufssignale verpasst, bieten sich automatische Verkaufsorders an. Jeden Tag nach Börsenschluss (oder vor Börsenöffnung) gibt man den aktuellen Durchschnitt als Stop-Loss-Kurs an. Damit ist gewährleistet, dass weitere Anstiege zu eigenen Gunsten gehen, dass sich jedoch ein Sturz nicht negativ auswirkt. Allerdings ist eine tägliche Überprüfung des eingegebenen Stop-Loss-Kurses nötig. Doch wenn dabei jeweils ein Verdienst von einigen 100 Euro herausspringt, dürfte die Zeit gut angelegt sein. Die Wahl der Aktie selbst spielt eine nachrangige Rolle. Schließlich geht es in dieser Strategie um den Kursverlauf. Wichtig ist jedoch, dass sie liquide ist, sich also jederzeit zu einem fairen Preis kaufen und verkaufen lässt. Gänzlich ungeeignet sind Werte, die sich lediglich seitwärts bewegen. Klare Auf- und Abwärtstrends sollten erkennbar sein. Und wer bei seinen »Lieblingsaktien« zu viele Signale erhält, sollte andere Firmen auswählen. Die Börse bietet Tausende von

Unternehmen. Darunter finden sich immer geeignete Kandidaten. Zudem können sich die Zeiten ändern und damit auch Märkte, Unternehmen und Aktien. Was heute passt, liefert morgen keine verwertbaren Trends mehr. Deshalb kann ich hier leider keine allgemeingültigen Regeln benennen oder gar eine geeignete Aktienauswahl präsentieren.

Saisonale Trends

Wer Trends beobachtet, wird sehr schnell saisonale Muster erkennen. Einen Klassiker in diesem Bereich könnte man »Sommerloch« nennen und fast jeder Leser dürfte diese Börsenweisheit kennen: »Sell in May and go away, but remember to come back in September.« Das Frappierende an dieser Regel: Sie trifft meist zu! So zeigt die Statistik der letzten Jahrzehnte für den DAX, dass die Wintermonate von Oktober bis April sehr gute Börsenmonate sind, dass dagegen Mai, August und vor allem September überwiegend Verluste bringen. Wer die Regel etwas abwandelt, fährt statistisch gesehen sehr gut. Demnach sollte man keinesfalls bereits im September einsteigen, sondern erst Anfang Oktober und dann Ende Juli wieder aussteigen. (Der Juli ist ein guter Monat und macht die Verluste der Vormonate wett.)

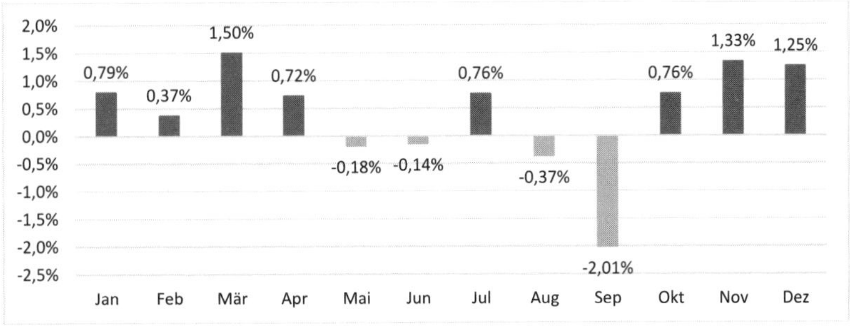

Durchschnittliche Monatsperformance DAX 1959–2015, Quelle: Statistisches Bundesamt

Wer die Sommerlochstrategie anwendet, macht erheblich mehr Gewinn als die vom DAI berechneten 8,3 Prozent pro Jahr. Der Clou: Wer sich auf deutsche Werte konzentriert, nimmt sogar alle Dividenden mit, denn die DAX-Unternehmen schütten im ersten Halbjahr aus. Trends können so einfach sein! Zudem eignet sich diese Trendfolgestrategie gut für faule Anleger. Es genügt, einmal pro Jahr zu kaufen sowie einmal zu verkaufen. Wer auf einen ETF setzt, muss nicht einmal Einzelwerte aussuchen. So lassen sich sogar Gebühren sparen. Doch können wir saisonale Regelmäßigkeiten nicht nur im Jahresverlauf sehen: Auch über einen längeren Zeitraum betrachtet zeigen sich Trends. Ein gutes Beispiel dafür stellt der US-Wahlzyklus dar. Wir wissen, dass die Amerikaner alle vier Jahre ihren Präsidenten wählen und sich im Politikbetrieb dafür ein begrifflicher Ablauf etabliert hat. Demnach unterscheiden wir Wahljahre, Nachwahljahre, Zwischenwahljahre und Vorwahljahre. In diesem Zusammenhang hat sich gezeigt, dass Vor- und Nachwahljahre im Schnitt deutlich höhere Kurszuwächse sehen als Wahl- und Zwischenwahljahre. Fazit: Trends lassen sich nicht nur an Charts ablesen, sondern es existieren auch wiederkehrende Muster, nach denen wir handeln können. Allerdings bedeutet die langjährige Statistik leider nicht, dass die Entwicklung genauso weitergehen muss. Wir sollten nie das Risiko außer Acht lassen, dass es gerade in diesem Jahr ganz anders aussehen kann und dass aktuell beispielsweise der März womöglich einen Crash mit sich bringt.

Risiken können zudem ganz praktischer Natur sein und vor allem die konkrete Umsetzung einer Strategie belasten. Bisher haben wir immer von den Trends bei DAX und Co. gesprochen. Die meisten Anleger setzen jedoch eher auf Einzelwerte. Hier lauert die Gefahr, dass wir genau die Falschen aussuchen und die Schlusslichter ins Depot legen, die ernüchternden Ergebnisse von Eugene Fama kennen wir schon. Die vorgestellte Strategie 3 ist jedoch nur ein Beispiel unter sehr vielen Trendfolgestrategien. Nötig ist es auf jeden Fall, sich zunächst viele Märkte, Aktien, Chartbilder und gleitende Durchschnitte anzuschauen, um ein Gefühl für die Muster zu bekommen und um abschätzen zu können, wo sich Ansatzpunkte für eigene Strategien bieten. Darüber hinaus lässt sich diese Strategie noch erweitern. Bislang war nur von einem Kauf bei Aufwärtstrends die Rede. Selbstverständlich lassen sich auch Abwärtstrends nutzen. Das erfordert allerdings etwas mehr Know-how. Die entsprechenden Möglichkeiten lassen sich vor allem mit Hilfe von Optionen bewerkstelligen, und die näheren Informationen dazu folgen in einem späteren Kapitel. Fazit: Die Trendfolge hat das Zeug, den Gesamtmarkt zu schlagen und eine überzeugende Performance zu erzielen. Sie funktioniert besonders dann, wenn Auf- oder Abwärtsbewegungen länger anhalten. Dagegen produziert kurzfristiges Hin und Her meist nur Kosten.

Die Aktienauswahl – Fundamentalanalyse

Bislang haben wir uns fast ausschließlich mit der technischen Analyse beschäftigt. Ob ein Unternehmen »gut« oder »schlecht« ist, spielte kaum eine Rolle. Doch selbstverständlich kann auch die Qualität der ausgewählten Aktien dazu beitragen, unsere Rendite zu erhöhen. Ohnehin lässt sich das Wörtchen *sichere* im Buchtitel kaum mit windigen Firmen gewährleisten. Gerade langfristig orientierte Anleger sollten meiner Erfahrung nach darauf achten, auch langfristig erfolgreiche Unternehmen auszuwählen. Allerdings haben wir in den vorigen Kapiteln schon erfahren, dass es gar nicht so leicht ist, mit einer guten Auswahl von Einzelaktien den Gesamtmarkt zu schlagen. Die Praxis gibt uns jedoch durchaus Hinweise zur Auswahl geeigneter Werte; Warren Buffetts Value-Strategie lässt grüßen. Sein Erfolg rührt vor allem daher, Qualitätsaktien zu identifizieren und diese billig zu kaufen. Solche Werte geben uns eine deutlich größere Sicherheit als spekulative Investments. Unternehmen mit einem erprobten Geschäftsmodell, einer überzeugenden Gewinnspanne und einem krisensicheren Markt schneiden vor allem im Fall von Turbulenzen besser ab – die Geschichte hat diesen Zusammenhang bestätigt. Kommen wir also nun zu möglichen Antworten auf die schwierige Frage, welche Werte man kaufen soll. In die Entscheidung einfließen können etwa Branche, Produkte, Management, die Historie und aktuelle Entwicklungen. Diese Punkte sind jedoch eher schwierig zu beurteilen. Nicht umsonst bewegen sich die Kurse oftmals ganz anders, als Laien und Profis es erwarten. Denn diese »weichen« Faktoren lassen sich ganz unterschiedlich auslegen, und was der Markt von einem neuen Chef hält, ist kaum vorhersehbar. Doch existieren durchaus Faktoren, anhand derer sich die fundamentale Qualität eines Unternehmens beurteilen und besser analysieren lässt. Das Geheimnis liegt, verkürzt gesagt, darin, den fairen Wert eines Unternehmens zu ermitteln und darauf zu warten, dass die Börse ihn irgendwann erreicht. Meist ist diese Strategie auf längere Zeit ausgerichtet und der Anleger sieht seinen Aktienbesitz als echte Beteiligung. Meine einfache Frage lautet: Würde ich dieses Unternehmen auch gerne komplett besitzen? Es geht nicht nur um kurzfristige Rendite, man muss als Anleger vielmehr mit Geschäftsmodell und Produkten, Management und Märkten einverstanden sein. Allerdings gestaltet sich die Suche nach entsprechenden Aktien schwierig. Schließlich sind tausende von Unternehmen an sehr vielen verschiedenen Börsenplätzen gelistet. Diese Suche gleicht der nach einer Stecknadel im Heuhaufen. Auch fällt es oft schwer, die entsprechenden Angaben in vertretbarer Zeit zu recherchieren. Doch mit den geeigneten Werkzeugen lassen sich durchaus vielversprechende Unternehmen finden; und wenn diese Arbeit geschafft ist, steht einer langen Freundschaft kaum etwas im Wege.

Ich nenne derartige Papiere »wunderbare Aktien« und werde diesen Begriff auf den folgenden Seiten verwenden. Meine Definition einer wunderbaren Aktie beruht auf mehreren Säulen. Zunächst muss ich verstehen, was die jeweilige Firma tut. Sie muss Produkte herstellen oder Dienstleistungen anbieten, mit denen ich etwas anfangen kann. Undurchsichtige Finanzprodukte oder wolkige Beratungsleistungen zum Beispiel fallen aufgrund dieser Definition durchs Raster. Wichtig ist mir zudem, dass ich an der Tätigkeit dieser Firma Spaß habe. Denn nur wenn mich etwas interessiert, bringe ich die nötige Geduld auf, um mich tatsächlich so tiefgehend damit zu beschäftigen, wie es für die Bewertung eines Unternehmens erforderlich ist. Oft ist es sogar sinnvoll, sich auf eine Branche zu konzentrieren. Diese Beschränkung gestattet es, ein großes Know-how anzusammeln und den richtigen Zeitpunkt für Käufe oder Verkäufe dadurch besser einschätzen zu können. Wichtig ist mir zudem, dass der Vorstand diese Firma wie ein Eigentümer führt. Fast immer lenken angestellte Manager die Geschicke, und oftmals wechseln die Strategien deshalb je nach Person. Die Bindung der Handelnden zu »ihrem« Unternehmen fehlt ganz einfach. Mangelnde Kontinuität führt jedoch selten zu nachhaltigem Erfolg. Der Erfolg hängt meines Erachtens sehr stark an den Führungspersonen. Die Integrität des Managements spielt deshalb eine wichtige Rolle bei der Identifikation geeigneter Aktien. Anhaltspunkte dafür lassen sich in der Regel an der Vita der Handelnden ablesen. Die früheren Tätigkeiten geben Auskunft, aber auch die öffentlichen Statements verraten oft viel über Hintergrund und Einstellungen der Verantwortlichen. Viel zu häufig wechseln die Meinungen je nach Wetterlage. Solchen Kandidaten liegt eher am eigenen Vorteil als an dem der Aktionäre. Wunderbare Aktien zeichnen sich gerade durch Nachhaltigkeit aus. Sie schaffen Werte über einen sehr langen Zeitraum und verfolgen ihre Strategie langfristig. Neben den Personen sollte man sich jedoch auch Markt und Produkte genauer anschauen. Potenzial für stetige Gewinne erwächst aus einer monopolartigen Stellung des Unternehmens oder einer herausragenden Marktposition, die es vielleicht innehat. Ein Beispiel dafür war der Aluminiumproduzent Alcoa in den 60er- und 70er-Jahren. Er hielt seine Preise immer auf einem Niveau, dass sich der Markteinstieg für Wettbewerber nicht lohnte, die Gewinne jedoch fröhlich sprudelten. So konnte Alcoa sein Quasi-Monopol über einen sehr langen Zeitraum erfolgreich verteidigen. Lassen sich die Produkte dagegen allzu leicht kopieren, ist meiner Erfahrung nach Vorsicht angebracht. Denn dann wird es dem betreffenden Unternehmen schwerfallen, Preise und Marktanteile auf Dauer zu halten.

Eine wichtige Rolle spielt zudem die Dividende, schließlich sorgt sie bei deutschen Aktien langfristig für fast die Hälfte des Ertrags. Ein Blick auf die Dividendenzahlungen zeigt in der Regel, ob ein Unternehmen dauerhaft Gewinne einfährt und damit über ein langfristig tragfähiges Geschäftsmodell verfügt. Doch sollte man nicht nur auf die Dividendenrendite schauen, denn auch hier lauern Stolperfallen. Viele Unternehmen schütten zwar jedes Jahr Dividenden aus, sie tun dies jedoch auch in schlechten Zeiten und dann auf Kosten der Substanz. Paradebeispiel dieser Strategie ist die Deutsche Telekom, hier spielen politische Faktoren eine Rolle. Es geht jedoch auch anders. Manche Firmen sitzen auf ihrem Geld, ohne es auszuschütten. Bekannt dafür ist Apple. Es brauchte die Klage eines US-Aktionärs, bis zumindest ein kleiner Teil der milliardenschweren Rücklagen verteilt wurde. Zwischen diesen Antipoden liegen jedoch zahlreiche Unternehmen, die sich durch eine konstante Dividendenzahlung auszeichnen und es sogar schaffen, jährliche Steigerungen zu erwirtschaften. So sind insgesamt drei Punkte von Belang:

1. Wird die gezahlte Dividende tatsächlich verdient?
2. Was tut das Unternehmen mit Gewinnen, die nicht ausgeschüttet werden; liegen sie einfach auf dem Konto oder werden sie gewinnbringend investiert?
3. Wie hoch ist die Ausschüttungsquote? In der Regel ist es gut, wenn zwischen 25 und 66 Prozent des Gewinns an die Aktionäre gehen.

Eine Basis für langjährigen Erfolg bieten zudem Produkte, die ge- und verbraucht werden. Als Beispiele lassen sich kurzlebige Konsumgüter wie Nahrungsmittel nennen, aber auch langlebige Produkte wie Autos. In beiden Fällen ist für eine stetige Nachfrage gesorgt. Manche Firmen schaffen sich ihre Nachfrage sogar selbst. Apple hat diese Strategie perfektioniert. Jedes Jahr kommt eine neue Generation des iPhones auf den Markt, und obwohl die alten Geräte weiterhin funktionieren, wollen die Verbraucher immer das neueste Modell. Positiv zu werten sind zudem die hohen Gewinnspannen vieler Unternehmen mit sehr starker Marke. Als Erfolgskriterien lassen sich beispielsweise eine starke Marke, überlegene Patente, die Gewohnheit der Verbraucher oder auch die Kostenführerschaft anführen. Doch sind diese Quasi-Monopole nicht in Stein gemeißelt, das zeigt ein Vergleich der

Marktanteile von Nokia heute und von vor zehn Jahren. Stets stellt sich die Frage, wie dauerhaft das jeweilige Geschäftsmodell in unserer Welt der Moden und Trends funktionieren kann. In die Analyse gehören zudem soziale und demografische Entwicklungen hinein, aber auch globale Zusammenhänge wie das Klima. Bei vielen Anlegern beliebt ist der Blick auf die Karriereseiten »Ihrer« Unternehmen nicht, weil sie dort arbeiten wollen, sondern weil Stellenangebote oftmals zeigen, in welche Richtung sich ein Unternehmen bei seiner Planung orientiert. Sucht es Spezialisten für bestimmte Zukunftstechnologien, liegt der Schluss nahe, dass es dort aktiv werden will. Ob derartige Pläne sinnvoll sind, hängt vom Einzelfall ab und lässt sich auf unterschiedliche Art und Weise bewerten. Die genannten Faktoren haben eines gemeinsam: Sie sind »weich«. An Marken, Persönlichkeiten oder Planungen klebt kein exaktes Preisschild. Daneben zeichnen sich wunderbare Aktien jedoch auch durch harte Fakten aus.

Der Wert einer Aktie

Eine zentrale Kennzahl in dieser Hinsicht lautet Unternehmenswert. Was ist eine Firma derzeit wert und wie wird sich ihr Wert in Zukunft verändern? Denn mit Beantwortung dieser Frage können wir überhaupt erst entscheiden, ob wir eine Aktie kaufen oder nicht. Ist die wunderbare Aktie den aktuellen Preis (den Börsenkurs) wert oder haben schon viele andere Anleger gemerkt, dass die Aktie wunderbar ist, so dass ihr Kurs viel zu hoch liegt? Wir kommen einer Antwort näher, wenn wir uns die Begriffe *Preis* und *Wert* genauer anschauen. Im Mai 2015, nach dem Rückzug des Aufsichtsratsvorsitzenden Ferdinand Piëch, stieg der an der Börse errechnete Wert des VW-Konzerns um 5 Milliarden Euro an einem Tag. Sind Gebäude, Grundstücke, Maschinen und andere Vermögenswerte tatsächlich im Handumdrehen so viel mehr wert? Für mich ist dieser Sprung kaum nachvollziehbar. Grundsätzlich dürfte der reale Wert einer Firma nicht derart schwanken, wie die Börse dies glauben macht. Verändert hat sich lediglich der Preis der Aktie, der Unternehmenswert dagegen kaum. Und wo der Preis der Aktie zu jedem

Zeitpunkt zweifelsfrei feststellbar ist, bereitet die Wertermittlung des Unternehmens deutlich mehr Schwierigkeiten. Wer eine wunderbare Aktie kaufen will, muss jedoch zunächst ermitteln, wie viel sie ihm wert ist, sprich welchen Preis er an der Börse zu zahlen bereit ist. Schließlich kann die erwartete Rendite nur dann langfristig zustande kommen, wenn das Unternehmen aktuell unterbewertet ist.

In meine Wertberechnung fließen beispielsweise Ertrag, Zukunftsaussichten, Dividende oder Wachstum der Firma ein. Das Gute am Ergebnis: Es muss nicht jeden Tag oder jede Woche aufs Neue berechnet werden. Die grundsätzlichen Parameter wie etwa Marke oder Vermögensgegenstände ändern sich nur sehr langsam. Wenn die Kalkulation beispielsweise einen Wert von 200 Euro ergibt und der Preis an der Börse nur 150 Euro beträgt, kaufe ich. Zahlen andere Anleger dagegen 220, warte ich ab. Ein sehr einfaches Prinzip also. Der bereits erwähnte Warren Buffett gilt als Paradebeispiel dafür, Aktien von Top-Unternehmen in Schwächephasen zu kaufen. So wird kolportiert, dass seine letzten großen Käufe während der Finanzkrise 2008 erfolgt sind. Wichtig ist jedoch, einen Sicherheitsspielraum von 20 bis 30 Prozent bei der Bewertung einzukalkulieren. Erstens kann die eigene Rechnung nie auf den Punkt genau ausfallen und zweitens können sich Parameter oder Voraussetzungen ändern. So beruht die Berechnung des Wertes einer Aktie auf diversen Annahmen. Gehe ich zum Beispiel davon aus, dass der Umsatz eines Unternehmens jährlich um 50 Prozent zulegt, dürfte sich auch der Aktienkurs in ähnlichen Dimensionen entwickeln. Kann die Firma dieses Wachstum dann doch nicht realisieren, muss ich die Situation neu bewerten und entscheiden, ob die Kriterien für ein wunderbares Unternehmen auch weiterhin gegeben sind. Preis und Wert von Aktien sind also zwei ganz unterschiedliche Paar Schuhe. Der Preis schwankt häufig in Abhängigkeit von der aktuellen Stimmung; der Wert hingegen verändert sich in der Regel nur langsam aufgrund fundamentaler Gegebenheiten.

> **!** Die 14. Grundregel: Wert und Preis sind nicht dasselbe!

Auch wenn diese Rechnung banal klingt, bildet sie die Grundlage für die Suche nach wunderbaren Aktien. Das Gute daran: Obwohl manche Leser offensichtliche Unterbewertungen für Wunschdenken halten mögen, kommen doch interessante Situationen immer wieder. Dazu zählen in erster Linie schlechte Zeiten, wenn viele Anleger in Panik verkaufen. Ein Beispiel dafür war die Finanzkrise ab 2008. Auch solide und weiterhin ertragsstarke Unternehmen wurden in Sippenhaftung genommen für die Probleme anderer Sektoren. Nicht nur in solchen Situationen wird der Preis sehr stark von der Psychologie beeinflusst. Angebot und Nachfrage sind in großem Maße emotional bedingt. Sind die Menschen ängstlich, schrecken sie vor Käufen zurück, und der Kurs – also der Preis – fällt. Wer eine wunderbare Aktie identifiziert hat, freut sich in solchen Situationen. Vielleicht hat er bereits teurer eingekauft. Doch bietet der Kursverfall Chancen, den durchschnittlichen Einstiegspreis zu drücken. In guten Phasen gestaltet sich die Suche allerdings schwieriger. Dann tendiert der Gesamtmarkt eher zu Überbewertungen. Oft ist dann Geduld gefragt, bis die ausgesuchten Papiere wieder attraktiv sind.

Dass die Spanne zwischen Einkaufspreis und Wert einer Aktie sehr viel mit der zu erwartenden Rendite zu tun hat, zeigt eine einfache Rechnung. Nehmen wir an, wir haben 100 Euro als Wert errechnet. Nehmen wir weiterhin an, dass dieser Wert in fünf Jahren erreicht wird. Je nach Börsenstimmung können wir diese Aktie zu ganz unterschiedlichen Preisen kaufen.

Kaufkurs	Kurs nach fünf Jahren	Rendite p. a.
75 Euro	100 Euro	5,9 Prozent
60 Euro	100 Euro	10,7 Prozent
50 Euro	100 Euro	15,9 Prozent

Diese Berechnung zeigt deutlich, dass Einkaufsvorteile die Rendite sehr stark erhöhen. Auch deshalb erscheint es sinnvoll, den durchschnittlichen Kaufpreis bei Kurseinbrüchen durch Nachkäufe zu senken. Damit diese Rechnung sich tatsächlich irgendwann im Depot niederschlagen kann, muss sie jedoch zutreffen. Wie also bestimmt man den Wert eines Unternehmens sowie der Aktie?

Die Berechnung des Werts

Grundlage der Berechnung des Unternehmenswerts bilden diverse Kennzahlen, die Aktiengesellschaften veröffentlichen ungefähr 300 davon. Zu finden sind sie in Quartals-, Halbjahres- und Geschäftsberichten, aber auch in anderen Verlautbarungen der Firmen. Dazu kommen die Daten der jeweiligen Börsen. Der Privatanleger hat wenig davon, das komplette Zahlenwerk zu analysieren. Erstens fehlt die Zeit und zweitens fehlt auch das Know-how, um die Bedeutung hinter jeder einzelnen Aktie herausfinden zu können. Dieses Buch beschränkt sich daher auf eine praktikable Auswahl. Die ausgewählten Kennzahlen haben sich in den letzten Jahrzehnten als geeignete Instrumente erwiesen, um Aktien und Unternehmen fundiert bewerten zu können. Um diese Kennzahlen besser und schneller einordnen zu können, füge ich Faustregeln bei. Selbstverständlich gelten sie nicht immer. Je nach Unternehmen ändern sich die Voraussetzungen. Im Allgemeinen haben sie sich jedoch als ausgesprochen hilfreich erwiesen.

- **Kurs-Gewinn-Verhältnis** (KGV); Faustregel: Soll niedrig sein.
  Wird berechnet als Kurs der Aktie geteilt durch den Gewinn pro Aktie. Die analogen Kennzahlen PE oder P/E (Price/Earnings) finden sich auf englischsprachigen Seiten. Verwandt ist PEG, (Price/Earnings/Growth), zeigt das Wachstum des KGV an.
- **Gewinn pro Aktie** (englisch EPS); Faustregel: Soll hoch sein.
  Wird berechnet als Gewinn des Unternehmens geteilt durch Anzahl der Aktien.

- **Return on Capital** (ROC); Faustregel: Soll hoch sein.
  Bezeichnet die Kapitalrendite, wie verzinst sich das im Unternehmen gebundene Kapital?
- **Marktkapitalisierung oder Börsenwert**
  Wird berechnet als Aktienkurs mal Anzahl der Aktien. Könnte man auch als Preisschild der gesamten AG bezeichnen.
- **Kurs-Umsatz-Verhältnis** (KUV)
  Wird berechnet als Kurs der Aktie geteilt durch Jahresumsatz pro Aktie. Ermöglicht die Aussage, wie viele Jahre das Unternehmen braucht, um seine Marktkapitalisierung zu erwirtschaften.
- **Kurs-Buchwert-Verhältnis** (KBV, englisch PB); Faustregel: Soll niedrig sein.
  Der Buchwert berechnet sich aus allen Vermögenswerten wie Gebäuden, Maschinen, Lagerbestand oder Patenten. Ein Wert unter 1 heißt, dass der Börsenwert geringer ist als der der gesamten Vermögenswerte einer AG. Wer das Unternehmen komplett kauft, kann also bereits durch den Verkauf des Inventars Gewinn erzielen.

Um die Ausnahmen der Faustregeln zu konkretisieren: Die Firma Tesla beispielsweise verdient an seinen Autos zwar so viel wie kein anderer Autobauer, investiert dieses Geld jedoch sofort wieder in das eigene Wachstum. So macht das Unternehmen Verluste trotz üppiger Margen. Ein negatives EPS oder ein sehr hohes KGV für sich allein genommen sprechen also kaum für Tesla. Hier gilt es daher eher zu analysieren, ob die Investments in Fabriken oder Anlagen sinnvoll sind.

Zu den genannten Kennzahlen kommen weitere Angaben wie Kursdaten oder Dividenden, die jedoch keine Erklärung erfordern dürften. Vor diesem Hintergrund lässt sich bereits sehr gut herausfinden, ob eine Aktie unterbewertet ist und damit an der Börse zu billig gehandelt wird. Die Möglichkeiten der Berechnung gehen jedoch noch weitaus tiefer. Insbesondere für US-Aktien bieten sich Werkzeuge im Internet, die komfortable Analysen anhand verschiedener Kennzahlen ermöglichen. Ich persönlich bevorzuge den Dienst finviz.com, aber auch Google Finance und andere Anbieter gestatten Analysen. Der

Screener von Finviz versammelt mehr als 70 verschiedene Angaben von über 7.000 Aktien. Neben Standards wie Börsenplätzen, Branchen oder Ländern lassen sich Aktien auch nach allen möglichen Kennzahlen auswählen. Sogar technische Indikatoren beinhaltet Finviz. So können Anleger beispielsweise gezielt nach Werten mit einem niedrigen KGV Ausschau halten, deren Kurs unter dem 20-Tage-GD liegt und deren Marktkapitalisierung sehr klein ist.

Es existieren jedoch noch weitere Modelle, um den Unternehmenswert zu bestimmen. Man könnte beispielsweise errechnen, wie lange es dauert, bis die Firma das investierte Kapital erwirtschaftet hat – die sogenannte Payback-Methode. Betrachten wir dazu ein Unternehmen mit einem Börsenwert von 1.000.000 Euro, einer jährlichen Rendite von 6 Prozent und einem jährlichen Wachstum von 10 Prozent. Wie lange dauert es, bis das Unternehmen seinen heutigen Preis verdient hat? Knapp elf Jahre. Und die Rechnung sieht so aus:

Jahr	Ertrag	Kumuliert
1	60,0	60,0
2	66,0	126,0
3	72,6	198,6
4	80,0	278,5
5	87,8	366,3
6	96,6	462,9
7	106,3	569,2
8	116,9	686,2
9	128,6	814,8
10	141,5	956,2
11	155,6	1.111,9

Zahlen in 1.000

Alle Kennzahlen finden sich auf den bereits erwähnten Internetseiten von Brokern und Banken – kostenlos übrigens. Es ist daher nicht nötig, Geschäftsberichte durchzuarbeiten und sich die nötigen Angaben herauszuschreiben. Wer eine wunderbare Aktie gefunden hat, sollte trotzdem einen Blick in diese Dokumente werfen. Vor allem das Vorwort des Vorstandsvorsitzenden enthält oft wertvolle Informationen. Es zeigt, wie die Menschen hinter einer Firma ticken, und es klärt zudem über Hintergründe auf. Deshalb ist es auch sinnvoll, mehrere Jahre anzuschauen. Daran lässt sich die Entwicklung besser ablesen. Zudem merkt man, ob frühere Versprechen und Ankündigungen umgesetzt werden konnten. Kern der Value-Strategie ist es, so viel wie möglich über das jeweilige Unternehmen zu erfahren. Die Mühe zahlt sich also aus. Zudem zeigt die Erfahrung, dass sich nur wenige Menschen die Mühe machen, genau hinter die Kulissen zu blicken (das gilt auch für Profis). Hier lässt sich oft ein Wissensvorsprung erzielen. Fällt eine Aktie jedoch schon bei Betrachtung der ersten Kriterien durchs Raster, sollten Sie keine weitere Zeit und Arbeit darauf verschwenden.

Jetzt haben wir uns lange mit verschiedenen Kennzahlen beschäftigt, die für Sie wichtigste Frage jedoch noch nicht geklärt: Wie müssen die Zahlen konkret aussehen, damit eine Aktie wunderbar ist? Wie fast immer bei Börsenstrategien existiert keine eindeutige Antwort. Vielmehr gilt es zeitliche Erwartungen zu berücksichtigen, den angestrebten Gewinn, die Risikotoleranz und die persönlichen Rahmenbedingungen. Weil diese Antwort unbefriedigend ist, möchte ich Ihnen meine Kriterien für eine wunderbare Aktie nicht vorenthalten: Ich setze auf Unternehmen, die mindestens eine jährliche Rendite von 15 Prozent erzielen, und lege einen Zeithorizont von zehn Jahren zugrunde. Damit kommen wir auf die Eingangsfrage des Kapitels zurück: Wie berechnen wir den Wert einer Aktie? Erforderlich sind vier Rechenschritte:

1. Ich berechne das voraussichtliche Wachstum des Unternehmens.
2. Ich berechne den künftigen Gewinn pro Aktie (fEPS – future Earnings Per Share).

3. Ich berechne den künftigen Preis der Aktie.
4. Ich leite daraus den gegenwärtigen Wert ab.

Die für diese Berechnungen erforderlichen Grundannahmen können wir der Vergangenheit entnehmen, die Unternehmenszahlen der letzten zehn Jahre sind auf Börsen- oder Unternehmens-Websites zu finden.

Der Aktienkauf

Da wir nun wunderbare Aktien identifizieren können und vielleicht sogar attraktive Kaufpreise sehen, sollten wir uns ans Werk machen und kaufen. Zunächst einmal möchte ich an dieser Stelle einen noch immer weit verbreiteten Irrtum entkräften: Beim Aktienkauf fließt das Geld in der Regel nicht an die jeweilige AG. Vielmehr erhält es derjenige, der die Aktie verkauft. Das kann ein Privatanleger sein, aber ebenso ein institutioneller Investor. Dabei fungiert die Börse als Vermittlerin oder Plattform, die Käufer und Verkäufer zusammenbringt. Das geschieht in aller Regel vollelektronisch. Handelsplattformen wie etwa Xetra in Deutschland erhalten Kauf- und Verkaufsaufträge und ermitteln den aktuellen Preis (Kurs) aufgrund von Angebot und Nachfrage – im Fachjargon *bid* und *ask*. Neben Xetra existieren noch sehr viel mehr Marktplätze für den Handel mit Wertpapieren. Meist steht es dem Akteur frei, wo er seine Transaktion abwickelt. Einschränkungen existieren zum Beispiel bei manchen Zertifikaten, Fonds oder Optionsscheinen. Diese sind mitunter nur beim jeweiligen Emittenten erhältlich. Um derart limitierte Märkte mit all ihren Nachteilen soll es hier jedoch nicht gehen. Dieses Buch beschränkt sich auf Strategien mit börsengehandelten Papieren.

Wir haben bereits erfahren, dass jeder zweite Dollar, Euro, Yen und so weiter, der in die Börse fließt, in den USA landet. Daher findet sich der Löwenanteil der weltweiten Aktienkapitalisierung dort. Man spricht in diesem Zusammenhang auch von der *Liquidität* der US-Märkte.

Wirtschaftsgüter wie Aktien lassen sich schnell und effizient gegen andere tauschen. Der deutsche Markt ist dagegen im internationalen Vergleich nur wenig liquide. Die meisten Strategien mit Aktien und anderen Wertpapieren funktionieren in Deutschland daher nur suboptimal. US-Börsen sind oft die bessere Wahl. Nur dort ist gewährleistet, dass Käufe und Verkäufe jederzeit und zu fairen Preisen über die Bühne gehen. Dieses Credo gilt insbesondere für die komplexeren Strategien, die im späteren Verlauf des Buchs vorgestellt werden. In die psychologische Falle der Heimatverbundenheit sollten wir auch deshalb nicht tappen, weil die USA in politischer und wirtschaftlicher Hinsicht stärker sind als Deutschland oder andere Staaten Europas. Noch immer gelten die Amerikaner als sicherer Hafen in puncto Geld, und diese Stärke sorgt auch bei Einschnitten wie der Subprime-Krise für ein reibungsloses Funktionieren der Finanzmärkte. Dort angelegtes Geld ist nach heutigen Maßstäben sicherer als Vermögen in Europa oder gar Asien – zumal die Bemühungen der Amerikaner deutlich sichtbar sind, diesen Status zu verteidigen.

! Die 15. Grundregel: Die Börsenmusik spielt in den USA!

Vor jedem Wertpapierkauf steht daher die Frage nach dem Handelsplatz. Selbst unerfahrene Leser kennen Begriffe wie die Frankfurter Wertpapierbörse oder NASDAQ aus der Presse. Dabei handelt es sich um Börsen oder Handelssysteme, über die sich Wertpapiertransaktionen abwickeln lassen. Wer bei seinem Broker beispielsweise eine Aktie ausgewählt hat und sie kaufen will, bekommt in der Regel unterschiedliche Börsenplätze angeboten. Neben den genannten stehen oft die deutschen Regionalbörsen etwa in Stuttgart, Hannover oder Düsseldorf zur Auswahl, darüber hinaus die Privatanlegerbörse Tradegate oder Auslandsbörsen wie NASDAQ und NYSE in den USA.

Handels-platz	akt. Preis	für	Zusatzkosten	letzter Kurs
Eigene Plattform	15,006 EUR	2.000 Stück	keine	15,02 EUR 09.06.2015 16:27
Xetra	15,005 EUR	1.633 Stück	1,75 € Handelsplatzgebühr	15,01 EUR 09.06.2015 16:27
München	15,005 EUR	1.200 Stück	2,50 € Handelsplatzgebühr + Courtage	14,965 EUR 09.06.2015 16:11
Frankfurt	15,006 EUR	3.340 Stück	2,50 € Handelsplatzgebühr + Börsenentgelt	14,996 EUR 09.06.2015 16:26
Stuttgart	15,008 EUR	4.500 Stück	2,50 € Handelsplatzgebühr + 0,119% Börsenentgelt	15,005 EUR 09.06.2015 16:27
Berlin	15,005 EUR	3.340 Stück	2,50 € Handelsplatzgebühr + Courtage	15,12 EUR 09.06.2015 14:42
Düssel-dorf	15,01 EUR	3.332 Stück	2,50 € Handelsplatzgebühr + Courtage	15,025 EUR 09.06.2015 15:50
Hamburg	15,005 EUR	1.630 Stück	2,50 € Handelsplatzgebühr + Courtage	14,93 EUR 09.06.2015 16:26
Hannover	15,005 EUR	1.630 Stück	2,50 € Handelsplatzgebühr + Courtage	15,00 EUR 09.06.2015 16:02

Beispiel: Orderoptionen für die Aktie der Deutschen Telekom AG

Dieses Beispiel der Telekom-Aktie verdeutlicht die große Auswahl an Börsenplätzen, die sich uns beim Aktienkauf bieten. Oft existiert eine brokereigene oder mit ihm verbundene Plattform, bei der keine oder nur wenige Gebühren anfallen. Für die Regionalbörsen dagegen werden Zusatzkosten fällig. Doch nicht nur die Kosten sprechen oftmals gegen den Kauf über kleinere Börsenplätze. Vielfach lassen sich hier kaum faire Preise erzielen. Es werden schlicht zu wenige Aktien gehandelt, Angebot und Nachfrage fehlen. Ist das tragisch? Mitunter ja, bei geringem Volumen besteht immer die Gefahr, dass Sie als Anleger zu teuer kaufen oder Ihre Verkäufe mangels Nachfrage nicht an den Mann bringen. Gerade bei ausländischen Aktien oder Nebenwerten fallen die Volumina oftmals ausgesprochen bescheiden aus. Illiquide Märkte lassen sich an der obigen Tabelle zudem daran identifizieren, dass deutlich seltener Kursfeststellungen stattfinden. Wo beispielsweise der letzte Xetra-Kurs von 16:27 Uhr stammt, kam die letzte Kursfeststellung an der Berliner Börse um 14:42 Uhr zustande. Bei dieser Aktie vergingen also fast zwei Stunden ohne Handel! Und das bei einem Schwergewicht wie der Telekom. Grundsätzlich sollte die Wahl auf die liquideste Börse fallen, also auf diejenige mit dem größten Handelsvolumen. Auf Deutsch: Bei Bayer oder Siemens bieten sich Xetra an, bei Tesla NASDAQ und bei McDonald's die New York Stock Exchange (NYSE). Erkennen lassen sich mögliche Probleme auch am sogenannten Spread: Der Unterschied zwischen den Preisen für Angebot (bid) und Nachfrage (ask) fällt bei Börsen mit geringem Handelsvolumen deutlich höher aus als bei liquiden Plattformen. Leider fehlen diese Angaben bei der oben abgebildeten Übersicht sogar, und wer von seinem Broker derart unvollständig informiert wird, kann unter Umständen ein Problem bekommen! Hilfreicher ist folgende Ansicht:

Name	Bid Volumen	Bid	Ask	Ask Volumen	Letzter Kurs	Letzter Umsatz	Uhrzeit
Dt. Telekom AG	14.920	15,320	15,330	3.042	15,321	1.000	13:41:03
Ferratum OYJ	614	21,920	22,250	422	22,250	20	13:07:09

Spreads bei kleinen und großen Werten

Dieser Ausschnitt aus der Kurstafel zeigt sehr deutlich, wie sich die Spreads einzelner Aktien unterscheiden. Wo der Unterschied beim DAX-Schwergewicht Telekom nur einen Cent beträgt, klafft zwischen An- und Verkaufspreis des SDAX-Wertes Ferratum mehr als ein Prozent. Auf Deutsch: Kaufe ich diese Aktie, zeigt mein Bestand sofort ein Minus von 33 Cent – schließlich bekäme ich bei einem Wiederverkauf derzeit nur 21,92 Euro, anstatt der von mir bezahlten 22,25 Euro. Auch fand der letzte Handel bei Ferratum vor mehr als einer halben Stunde statt, beim DAX-Wert unmittelbar zuvor. Wer auf Realtime-Kurstafeln blickt, erkennt zudem, dass die angebotenen Volumina bei den Schwergewichten ständig wechseln. Selbst wenn der Kurs an einer Stelle verharrt, wechseln also ständig Aktienpakete den Eigentümer. In diesen Fällen können wir uns darauf verlassen, dass der Handel schnell und fair vonstattengeht. Auf deutschen Kurstafeln finden sich übrigens anstatt der Begriffe *bid* und *ask* in der Regel die Angaben *Geld* und *Brief*. Sie bedeuten nichts anderes und stellen lediglich die deutschen Fachtermini für Angebots- und Nachfragepreis dar.

Ein großer Unterschied zwischen *bid* und *ask* zeigt sich ebenfalls außerhalb der Börsenzeiten. Auch dann findet nur sehr vereinzelt Handel statt, und eine faire sowie marktgerechte Preisfestsetzung ist fast nicht möglich. Beim Wertpapierhandel spielt daher nicht nur die geeignete Börse eine wichtige Rolle, sondern auch der Zeitpunkt entscheidet darüber, ob man den optimalen Kurs erwischt. Wie die Preisfindung erfolgt, lässt sich bei Echtzeitkursen sehr gut beobachten. Zum Zeitpunkt der Börsenöffnung dauert es je nach Wertpapier wenige Sekunden bis zu einigen Minuten, bis sich die Kurstafel füllt und die Spreads auf das übliche Maß reduziert sind. In dieser Zeit finden sich Käufer und Verkäufer in ausreichender Zahl ein, so dass nach Börsenöffnung vor allem bei liquiden Werten zu jeder Aktie auch ein Kurs festgesetzt werden kann. Es empfiehlt sich daher, stets nur bei offenen und damit liquiden Börsen zu kaufen und zu verkaufen.

Die Kurse kommen also durch Angebot und Nachfrage zustande. Käufer treiben die Preise nach oben, Verkäufer nach unten. Hat unsere Order damit Einfluss auf den Börsenkurs? Es kommt darauf an. In aller Regel ist dies nicht der Fall. Auch das lässt sich mit einem Blick auf den Ausschnitt der Kurstafel erläutern. Bei der Telekom werden alleine um 13:41:03 Uhr knapp 15.000 Aktien gehandelt, eine Sekunde später stehen hier schon wieder andere Zahlen. Pro Tag wechseln alleine auf Xetra durchschnittlich 10 Millionen Telekom-Aktien ihren Besitzer, dazu kommen die Umsätze der anderen Börsenplätze. Wer 100 oder 1.000 Aktien kauft, kann sich daher fühlen wie ein Tropfen im Ozean. Ganz anders sieht diese Rechnung bei Nischenwerten aus. Beim Finanzdienstleister Ferratum OYJ zum Beispiel, der immerhin im SDAX notiert, wurden zuletzt gerade mal 20 Aktien gehandelt – vor einer halben Stunde! Wer hier mit einer größeren Order einsteigt, kann den Kurs durchaus um einige Cent verändern. Dieses Prinzip nutzen auch viele selbsternannte Aktienexperten aus. In Foren und auf Finanzwebseiten trommeln sie für angebliche Perlen, die noch kein Mensch entdeckt hat und bei denen große Kursgewinne winken sollen. Oft handelt es sich dabei um extrem kleine Firmen, bei denen Kaufvolumina von wenigen 1.000 Euro bereits zu erheblichen Steigerungen führen können. Das Ergebnis: Wer bereits vorher engagiert war, freut sich über den Anstieg, die Neukäufer steigen beim von ihnen verursachten, höheren Kurs ein. Fazit: Liquidität ist eine wichtige Voraussetzung, um faire Preise zu erhalten.

Manche Banken und Broker geben ihren Kunden die oben gezeigte Vielzahl unterschiedlicher Handelsplätze nur eingeschränkt weiter. Zudem schlägt dort der Handel bei Auslandsbörsen oft in Form hoher Gebühren zu Buche, so dass sich entsprechende Engagements kaum lohnen. Wer an der Börse Geld verdienen möchte, sollte daher sehr genau überlegen, auf welchen Märkten er sich engagieren will. Denn die Kosten spielen eine wichtige Rolle beim Aktienkauf und -verkauf. Sie beeinflussen unsere Gesamtrendite maßgeblich. Was wir pro Handel bezahlen müssen, unterscheidet sich nicht nur je nach Börsenplatz, sondern auch die verschiedenen Broker berechnen unterschiedliche Sätze. Hier verlangen deutsche Anbieter fast immer mehr als angelsächsische. Wer also öfter kauft und verkauft, ist bei Brokern wie Interactive Brokers, OptionsHouse, optionsXpress oder TD Ameritrade meist besser bedient. Für einen Aktienkauf in Höhe von 5.000 Euro fallen dort keine 10 Euro an, sondern im besten Fall nur ein Dollar. Dazu kommen zwar mitunter Gebühren für den Zugriff auf die aktuellen Realtime-Kurse, aber diese amortisieren sich sehr schnell. Steuerlich bieten ausländische Broker noch weitere Vorteile, mehr dazu im Steuerkapitel.

! Die 16. Grundregel: Handeln Sie, wo der Umsatz am größten ist!

Kommt es überhaupt bei Ein- und Ausstiegskursen auf wenige Cent an? Definitiv, sie verbessern die Rendite, wenn man konsequent zum optimalen Preis handelt. Hier macht Kleinvieh buchstäblich auch Mist, bei einigen Dutzend Trades springt zumindest ein feudales Abendessen heraus. Neben der richtigen Wahl von Börsenplatz und Zeitpunkt ist auch zu beachten, dass viele Broker nur zeitversetzte Kurse anbieten. In der Regel sind die Angaben auf den Plattformen 15 bis 20 Minuten alt. Angesichts der großen Volatilität der Börsen können Kurse innerhalb dieses Zeitraums deutlich fallen oder steigen. Diese Unsicherheiten lassen sich teilweise ausschalten, wenn parallel zum Orderfenster der eigenen Bank noch die Echtzeitkurse im Blick sind. Derartige Kurse für viele deutsche Aktien finden sich kostenlos bei der Börse Frankfurt (www.boerse-frankfurt.de), für US-Aktien unter anderem bei Google Finance. Die genaue Analyse der verfügbaren Börsen und Kurse ist vor jedem Aktienkauf sinnvoll. Wer einfach auf »kaufen« klickt, bekommt oftmals schlechte Kurse und zahlt gegebenenfalls sogar unnötige Gebühren. Es ist übrigens kein Problem, Kauf und Verkauf an unterschiedlichen Börsenplätzen durchzuführen. Das kann sinnvoll sein, wenn sich die beschriebenen Bedingungen ändern.

Die Kurse unterscheiden sich also nicht nur von Börse zu Börse, auch steigen oder fallen sie mitunter sehr schnell signifikant. Einen günstigen Kurs erhält oftmals nur, wer seine Transaktionen limitiert, also

Kurse festlegt, zu denen höchstens gekauft wird. Ein solches Limit sollte vor allem bei kleineren Firmen mit großen Spreads stets zum Einsatz kommen, um unliebsame Überraschungen zu vermeiden. Die Höhe des Limits lässt sich über den Blick auf Kurschart sowie Bid- und Ask-Kurse festlegen. Auch bei der Intraday-Betrachtung zeigen sich Trends. Wenn die Kurse gerade purzeln, kann es angezeigt sein, noch etwas zu warten oder einen tieferen als den aktuellen Preis als Limit einzugeben. Der Chart zeigt in der Regel, welcher Kurs sich für die Limitsetzung eignet und was im Tages- oder Wochenvergleich zu hoch wäre. Ein zusätzlicher Blick auf die Echtzeitkurse gewährleistet, dass die Kursentwicklung sich nicht schon völlig davon losgelöst hat.

Der Aktienverkauf

Großen Einfluss auf die Gesamtrendite einer Börsentransaktion nimmt auch der Verkauf eines Wertpapiers. Dabei gelten die oben beschriebenen Regeln in puncto Liquidität ebenso. Limits sollen jedoch nicht den niedrigsten, sondern den höchstmöglichen Preis gewährleisten, also den Preis, den Sie bei einem Verkauf mindestens erzielen wollen. Als Hilfsmittel bieten die meisten Broker eine ganze Reihe unterschiedlicher Ordertypen an. So lässt sich der Verkauf mit einem ganz einfachen Limit absichern, dieses begrenzt den Verkaufskurs auf einem starren Niveau nach unten. Eine weitere Möglichkeit bietet der sogenannte Stop Loss. Dieses Limit dient dazu, eventuelle Verluste zu begrenzen und zu verhindern, dass der Portfoliowert bei stark fallenden Kursen weiter im Depot bleibt. Man kann den Stop Loss zum Beispiel 10 oder 20 Prozent unter dem aktuellen Kurs setzen. Dann wird der Wert zum nächstgültigen Kurs verkauft, sobald der Kurs erst auf oder unter das eingegebene Stop-Loss-Limit gefallen ist. Damit kann man sich gegen einen eventuellen Crash absichern oder Zeiten überbrücken, in denen der Zugang zum Broker fehlt – beispielsweise im Urlaub. Eine clevere Alternative bietet das dynamische Stop-Loss-Limit, auf Englisch Trailing Stop. Es setzt keine starre Schranke, sondern läuft mit der Kursentwicklung mit. Steigt der Kurs, erhöht sich das Stop-Loss-Limit entsprechend. Sinkt er, bleibt es auf dem erreichten Niveau stehen. Erst wenn die Aktie auf oder unter diese Schwelle fällt, wird ein Verkaufssignal ausgelöst. Bei all diesen Ordertypen ist zudem anzugeben, wie lange sie gelten sollen. Zur Auswahl stehen meist die sofortige Ausführung, voreingestellte Zeiträume oder die freie Datumseingabe. Gerade bei variablen Limits bieten sich lange Fristen an. Ein wichtiger Minuspunkt bei den genannten Stop-Loss-Limits: Fällt der Kurs unter die gesetzte Schwelle, garantiert niemand, dass dieser Preis beim Verkauf tatsächlich erzielt wird. So kommt es oft vor, dass der nächste Käufer erst bei einem noch niedrigeren Kurs einsteigt. Wer also zum Beispiel 12,50 Euro als Stop Loss angibt, erhält gegebenenfalls nur 12,10 Euro für seine Aktie. Besondere Gefahr droht außerhalb der Börsenzeiten, wenn (fast) kein Handel stattfindet oder bei illiquiden Werten. Dann können Kurse sehr schnell sehr tief fallen und das Limit wird weit unterschritten. Viele Broker bieten jedoch Limittypen, bei denen sich der Mindestverkaufspreis einstellen lässt. Doch auch hier wartet wieder eine Stolperfalle: Vielleicht findet sich kein Käufer für diesen Preis und die Aktie bleibt im Depot, obwohl sie weit unter das gesetzte Limit fällt. Über die genannten Ordertypen hinaus bieten viele Broker noch ganz andere. Hier lohnt ein Blick auf die Möglichkeiten des eigenen Anbieters. Zum Abschluss noch ein grundsätzliches Wort zu Limits: Wer ein Stop-Loss-Limit an die Börse gibt, macht es damit öffentlich. Bei bestimmten Schwellen existieren oft sehr viele Verkaufsaufträge und es ist ein beliebtes Spiel, die Kurse kurzzeitig unter diese Schwellen zu drücken, die Limits auszulösen, die Kurse damit noch weiter fallen zu lassen und dann billig einzukaufen.

Die richtige Depotbank

Diese auf den letzten Seiten beschriebenen Erwägungen gelten für alle Banken oder Broker, die man zum Handeln nutzt. Da dieses Buch vor allem der Praxis dienen soll, möchte ich auch die Auswahl eines geeigneten Dienstleisters für den Börsenhandel näher erläutern. Zunächst einmal gilt: Den Richtigen gibt es nicht, letztlich entscheiden der persönliche Geschmack, die eingesetzten Strategien und auch die individuellen Rahmenbedingungen. Wer gute Erfahrungen mit seiner bestehenden Hausbank gemacht hat und wo deren Konditionen die angestrebten Renditen nicht beeinträchtigen, besteht in der Regel kein Handlungsbedarf. Zudem ist es nicht erforderlich, alles auf eine Karte zu setzen. Ich habe sehr gute Erfahrungen damit gemacht, für neue Strategien bei Bedarf ein neues Depot einzurichten und die existierenden weiterhin zu nutzen – sofern ich die dafür geeigneten Strategien weiter verfolgt habe. Bei der Auswahl eines neuen Anbieters lohnt ein Blick auf dessen Gebührenstruktur, und auch die Vergleichstests in Fachzeitschriften geben Hinweise darauf, mit welchen Vor- und Nachteilen zu rechnen ist. Selbstverständlich spielt auch das eigene Know-how eine wichtige Rolle bei der Entscheidung. Depotbanken wie Interactive Brokers bieten zwar unschlagbar niedrige Gebühren, erfordern jedoch einen hohen Wissensstand des Anlegers. Anfänger sind daher gut beraten, zunächst hierzulande Erfahrung zu sammeln. Doch egal ob Anfänger oder Profi: Die große Zahl an Brokern und Informationsplattformen ist ein großer Vorteil. Vor 20 Jahren stand diese Informationsvielfalt nur Profis zur Verfügung, die teure Reuters-Terminals nutzen mussten, etwa um an Kursdaten, Charts und Kennzahlen heranzukommen. Heute jedoch liegt unser Wissensstand auf einem ähnlichen Niveau wie derjenige der Profis – sofern wir uns ähnlich tiefgehend mit den Vorgängen an den Märkten beschäftigen. Es liegt also an uns, das erforderliche Know-how zu erwerben und gewinnbringend einzusetzen. Das Schöne daran: Fast alles lässt sich kostenlos beziehen. Eine der wenigen Ausnahmen betrifft – wie bereits erwähnt – die Kursdaten. Ob jedoch Echtzeitkurse überhaupt erforderlich sind, hängt von der jeweiligen Strategie ab.

Weil die meisten der hier beschriebenen Strategien auf US-Aktien sowie Optionen beruhen und deren Transaktions-Möglichkeiten sowie -Kosten bei deutschen Brokern oft vergleichsweise ungünstig sind, möchte ich kurz auf Interactive Brokers (IB) eingehen. Dieser Anbieter berechnet unschlagbar günstige Gebühren, stellt aber gleichzeitig eine professionelle Plattform zur Verfügung. Er eignet sich sehr gut für den Handel mit Aktien und Optionen. Die Beantragung eines Depots erfordert deutlich mehr Angaben als bei deutschen Anbietern üblich. Der Hintergrund: IB schließt sämtliche Haftungsansprüche aus, man trägt die Verantwortung alleine. Kunden müssen daher deutlich mehr Klauseln akzeptieren. So muss man beispielsweise unterschreiben, dass man keine Kirche, keine Bank und kein Brokerunternehmen ist. Man muss die eigene Trading-Erfahrung genau spezifizieren und das US-Steuerdokument W8 ausfüllen. Nötig sind zudem Englischkenntnisse. Zwar führt IB derzeit deutsche Dokumente ein, der Großteil ist jedoch nicht übersetzt oder in unverständlichem Deutsch – das kann sich aber bald ändern. Interessenten sollten zunächst einige der Lehrvideos oder Webinare anschauen, um zu entscheiden, ob sie dort ein Depot eröffnen möchten. Unterschieden wird zwischen Einzelpersonen und Unternehmen. Bei letzteren liegen die Kosten für die Echtzeit-Kursversorgung deutlich höher. Erforderlich zur Depoteröffnung ist in der Regel eine Mindesteinlage. Außerdem verlangt IB mindestens die Erfahrung von 100 Transaktionen in jedem Produkt, das freigeschaltet werden soll. Diese Erfahrung muss man schriftlich bestätigen. Damit ist es beispielsweise im Nachhinein unmöglich, hohe Verluste mit Optionen auf Fehlberatung oder Unwissenheit zu schieben und Schadenersatz zu fordern. Hier existiert kein wie auch immer geartetes Sicherheitsnetz! Deshalb gilt: So professionell und leistungsfähig diese Depotbank ist, so wenig eignet sie sich für Anfänger. Sie erfordert Erfahrung an den Börsen, und wer damit startet, ist gut beraten, zunächst das verfügbare Simulationskonto zu nutzen. Für erfahrene Anleger bietet sie jedoch professionelle Werkzeuge mit fast unbegrenzten Möglichkeiten.

Long und short

Die meisten landläufigen Börsenstrategien basieren darauf, Aktien billig zu kaufen, gegebenenfalls von Dividenden zu profitieren und die betreffenden Aktien später zu einem höheren Kurs wieder zu verkaufen. Die Erträge landen als Gewinn auf dem Konto des Käufers. Weniger erfreut sind Aktionäre, wenn der Kurs ihrer Papiere fällt. Man kann derartige Entwicklungen aussitzen, weiß jedoch nie, ob und wann der Kurs wieder auf das Einstiegsniveau steigt. Aber vielleicht lassen sich die schlechten Zeiten ja umgehen oder nutzen? Dieses Ziel verfolgen fast alle Marktteilnehmer und deshalb streben auch die meisten von ihnen an, den Vergleichsindex nicht nur hinsichtlich der Performance in guten Zeiten zu schlagen, sondern auch in einem Bärenmarkt. Fondsmanagern gelingt dies offensichtlich nicht gut, wie wir bereits gesehen haben. Es gibt jedoch auch Strategien, die auf einen Kursverfall spekulieren und Gewinn daraus ziehen.

Für beide Positionen – auf steigende und auf fallende Kurse zu setzen – existieren die Fachbegriffe *long* bzw. *short*. Wer ein Asset kauft und es später teurer verkaufen will, geht also *long*. Er ist positiv gestimmt, was den jeweiligen Markt angeht. Wer das Asset dagegen verkauft und später billiger zurückkaufen will, geht *short*. Er erwartet eine negative Entwicklung. Praktisch ist es ganz einfach, long zu gehen. Dazu muss man nur das entsprechende Wertpapier kaufen. Short zu gehen beruht dagegen auf einem Prinzip, das vielen Menschen zunächst ein Kopfschütteln entlockt. So erscheint es wenig einsichtig, Aktien zu verkaufen, obwohl man sie gar nicht besitzt. Doch genau darum geht es beim *Short*-Gehen: Man verkauft zuerst und kauft später zurück. Diese Transaktion bezweckt, ein Wertpapier vergleichsweise teuer zu verkaufen, um es später billiger zurückzukaufen. Plausibel wird das Prinzip dahinter, wenn wir uns die Finanzströme hinter dem Wertpapierhandel genauer anschauen.

In diesem Beispiel haben wir durch einen sogenannten Leerverkauf 2.000 Euro verdient. Das Problem dabei: Wir können nicht ewig *short* bleiben. Irgendwann müssen wir die jeweilige Aktie wieder zurückkaufen, um das eigene Konto auszugleichen. Ist sie seitdem kräftig gestiegen, machen wir einen großen Verlust, schließlich müssen wir sie dann teurer zurückkaufen. In manchen Zusammenhängen mag es ein wenig affektiert klingen, wenn die Fachbegriffe *long* und *short* zum Einsatz kommen, anstatt der einfachen Begriffe *kaufen* oder *verkaufen*.

Siemens-Aktien zu kaufen, heißt schließlich nichts anderes, als *long* damit zu gehen. Wer jedoch 1.000 Siemens-Aktien besitzt und 300 davon verkauft, ist immer noch *long*. Besteht dagegen eine Short-Position von 1.000 Aktien, ändert daran auch ein Kauf von 500 Aktien nichts. Die Fachbegriffe *long* und *short* beschreiben die Ausrichtung eines Geschäfts deutlich exakter und sind damit oft die bessere Wahl.

	Geldkonto	Aktiendepot
Anfangsbestand	100.000 Euro	Kein Bestand
Verkauf von 50 XY-Aktien zum		- 50 XY-Aktien
Kurs von 100 Euro	+ 5.000 Euro	
	= 105.000 Euro	
Kauf von 50 XY-Aktien zum		+ 50 XY-Aktien
Kurs von 60 Euro	- 3.000 Euro	
	= 102.000 Euro	Kein Bestand

Short gehen mit Aktien

Wer sein Aktienkonto überzieht, muss übrigens auch Zinsen bezahlen – analog zu einem Überziehungskredit beim Girokonto. Die Höhe des Zinssatzes richtet sich nach Angebot und Nachfrage. Wollen sehr viele Anleger bei einer Aktie *short* gehen, liegen die dafür anfallenden Zinsen auf einem hohen Niveau. Üblicherweise existiert in diesen Fällen auch eine Gegenpartei, die die betreffenden Aktien als Sicherheit verleiht. Überweist uns denn die Bank einfach so den Betrag aus dem dargestellten Verkauf? Das tut sie, allerdings blockiert Sie das nötige Geld, um die Aktie zurückzukaufen, als Sicherheit auf dem Konto, bis der negative Bestand im Aktiendepot ausgeglichen ist.

Das kann ich auch andersherum nutzen, wenn ich Aktien besitze. Ich kann diese Aktien an andere Anleger ausleihen, nämlich an solche Anleger, die *short* gehen wollen. Auf diese Weise erhalte ich von diesen *Shorts* Zinsen für den Verleih meiner Aktien. Bei IB ist das sogar ganz einfach: Ich beauftrage IB, meine Aktien gegebenenfalls auszuleihen. Dazu setze ich ein Häkchen in den Kontoeinstellungen unter »Yield Enhancement Program«. IB kümmert sich um alles, ich muss nichts weiter tun. Wenn das erfolgt, kassiere ich die Verleihzinsen. Allerdings behält IB 50 Prozent dieser Zinsen für sich. Das ist für diese Arbeit meiner Meinung nach angemessen.

Die erhaltenen Zinsen erscheinen schließlich auf meinen Auswertungen und auf meinem Konto. Die Höhe der Zinsen hängt sehr stark vom Papier ab, oft sind es ein paar Prozent. Es gab aber auch schon Zeiten, in denen 80 Prozent gezahlt wurden (aufs Jahr gerechnet); das hielt aber nur wenige Tage an.

Margin

Unter anderem beim Verkauf eines Wertpapiers, ohne es zu besitzen, kommt der Begriff Margin ins Spiel. Besonders die Besitzer von Depots bei angelsächsischen Brokern lernen diesen bereits bei Depoteröffnung kennen. In unserem Zusammenhang bezeichnet Margin eine Hinterlegungssumme oder Sicherheitsleistung. Um das Geldkonto überziehen zu können – nichts anderes ist der geschilderte Verkauf – benötigt die Depotbank eine Sicherheit. Dabei ist es in der Regel nicht nötig, den vollen Wert des zugrundeliegenden Wertpapiers als Pfand zu hinterlegen, sondern es reicht ein Teil davon. Diese geringe Forderung ist nicht der Großherzigkeit der Banken geschuldet, sondern sie entsteht rein rechnerisch und soll lediglich gewährleisten, dass das Depot bei Glattstellung der Position kein Minus aufweist.

Kommt es zu einer für den Trader negativen Kursentwicklung (etwa wenn eine verkaufte Aktie steigt) und die nötige Sicherheit ist aufgebraucht, fordern die Banken zunächst einen Ausgleich des Kontos. Man muss beispielsweise Geld zuschießen oder Aktien verkaufen. Diese Aufforderung nennt sich Margin Call. Wird der Depotinhaber nicht aktiv oder droht die Lücke zu groß zu werden, sorgt der Broker durch Rückkauf für Ausgleich und schließt beispielsweise die Short-Position selbstständig. Ganz besonders wichtig ist die Margin beim Optionshandel. Wer hierbei eine Verpflichtung eingeht, indem er zum Beispiel eine Option verkauft, muss stets die Auswirkungen dieser Pflicht bei seinen Handelsaktivitäten berücksichtigen und eine entsprechende Finanzplanung betreiben.

Weniger lustig wird die Situation, wenn der Kurs unserer XY-Aktie wider Erwarten explodiert. Schießt sie beispielsweise von 100 auf 1.000 Euro, sind wir nicht mehr 5.000 Euro short, sondern mit 50.000 Euro. Je nach Deckung unseres Geldkontos kann diese Strategie also unser gesamtes Geld vernichten. Allerdings greifen in der Regel die Notmechanismen der Banken, so dass automatische Verkäufe erfolgen, wenn das vorab festgelegte Limit für solche Transaktionen überschritten wird. Das Risiko des Short-Gehens übersteigt dasjenige des Long-Gehens also deutlich. Eine Absicherung gehört daher als fundamentaler Bestandteil zu jeder Short-Strategie.

Ohnehin befinden wir uns hier bereits bei den riskanten Börsenstrategien. Aus diesem Grund bieten viele deutsche Banken diese Möglichkeit gar nicht an oder sie beschränken dieses Angebot auf wenige, erfahrene Kunden. Diese müssen ihre umfangreichen Kenntnisse über diese riskanten Strategien schriftlich bestätigen. Zudem müssen sie in der Regel einen hohen Geldbetrag auf dem Konto hinterlegen; wer nur 5.000 Euro investiert, sieht die kalte Schulter. Wer Profi genug ist, erhält damit jedoch interessante Möglichkeiten für zusätzliche Investmentideen. So lässt sich beispielsweise die bereits vorgestellte Trendfolgestrategie (Strategie 3) selbstverständlich auch bei fallenden

Kursen umsetzen. Wo die Renditeerwartung beim ausschließlichen Setzen auf die Hausse etwa 10 bis 15 Prozent beträgt, lässt sie sich beim Ausnutzen beider Richtungen auf 15 bis 20 Prozent steigern. Auch hier ist es erforderlich, über ein Depot mit geringen Gebühren zu handeln, sonst geht ein Großteil der Gewinne für Gebühren drauf. Schließlich beruht diese Strategie darauf, häufig zu kaufen und zu verkaufen.

Strategien mit Optionen

Bislang ging es hauptsächlich um Strategien, die sich über die deutschen Broker und Banken ohne weiteres abwickeln lassen – wenn auch teilweise unter Inkaufnahme hoher Gebühren. Zudem eignen sich die vorgestellten Möglichkeiten mit Fonds und Aktien auch für durchschnittlich erfahrene Anleger. Wichtig dabei ist vor allem, den eigenen Strategien treu zu bleiben und die Emotionen so weit wie möglich auszuschalten. Auf den folgenden Seiten wird es nun deutlich komplizierter, und kein Anfänger sollte sich an die vorgestellten Strategien mit Optionen heranwagen. Hier ist Erfahrung erforderlich! Diese Warnung gründet nicht nur auf der Komplexität des Themas, sondern vor allem auf den Risiken. Es gehört eine Menge Routine in puncto Gewinne und Verluste dazu, um die nötige Nüchternheit für Optionsgeschäfte aufzubringen. Auch beruhen die Geschäfte mit Optionen teilweise auf ganz anderen Grundgedanken als der Kauf und Verkauf von Aktien. Wer mit Optionen handelt, muss sich dessen bewusst sein und die Prinzipien dahinter aus dem Effeff beherrschen. Doch weil dieses Buch einen sehr weitgehenden Überblick über die Möglichkeiten an der Börse bieten und damit zur Entwicklung eigener Strategien anregen soll, gehören Optionen unbedingt dazu. Jedem erfahrenen Anleger bieten sie umfassende Chancen, von allen Kursbewegungen zu profitieren, ob sie nach oben, unten oder seitwärts tendieren.

Dies vorangeschickt, wollen wir uns nun mit dem Wesen von Optionen beschäftigen. Anders als Aktien oder Fonds repräsentieren sie keine Sachwerte, Optionen verkörpern lediglich ein Recht. Wir können sie an der Börse handeln, und sie erlauben ihrem Inhaber, eine bestimmte Sache zu einem späteren Zeitpunkt zu einem vereinbarten Preis (Strike) zu kaufen (Call-Option) oder zu verkaufen (Put-Option).

Diese Sachen nennen sich börsensprachlich Bezugswert, Basiswert oder auf Englisch Underlying. Das können zum Beispiel Aktien, Rohstoffe oder Währungen sein. Wer eine Option auf die Siemens-Aktie kauft, erwirbt damit also das Recht, Siemens-Aktien zu einem späteren Zeitpunkt zu einem festgelegten Preis zu kaufen oder zu verkaufen. Übrigens kauft er nur das Recht, keine Pflicht. Er muss die Option nicht ausüben. Ein Kaufrecht wird damit nur derjenige ausüben, der sich unter dem Börsenkurs mit der betreffenden Aktie eindecken darf, und ein Verkaufsrecht ist nur dann interessant, wenn man die betreffende teurer verkaufen kann als zum aktuellen Marktkurs. Derartige Rechte können wir jedoch nicht nur kaufen. Wir können einem anderen Börsenteilnehmer auch solche Rechte verkaufen. Wir kassieren Geld dafür, dass er das Recht erhält, eine Aktie an uns zu verkaufen oder von uns zu kaufen. Allerdings stehen wir als Verkäufer dann in der Pflicht, das Recht des Käufers dann auch zu gewähren. Je nachdem müssen wir also den Bezugswert an ihn verkaufen oder ihn von ihm kaufen. Schon die Grundlagen von Optionen klingen verwirrend? Ich hatte Sie gewarnt. Aber keine Angst, wir haben noch viel Platz, um den Nebel zu lichten.

Das in einer Option verbriefte Recht besteht nur bis zu einem festgelegten Termin, dem sogenannten Verfallstag. Optionen gehören daher zu den Termingeschäften. Darf der Inhaber der Option sein Recht jederzeit während der gesamten Dauer der Optionsfrist ausüben, handelt es sich um eine *Amerikanische Option* (American Style). Im Gegenteil dazu ist die Ausübung einer *Europäischen Option* (European Style) ausschließlich am vereinbarten Verfallstag möglich. Ausüben heißt, das verbriefte Recht wahrzunehmen und beispielsweise Siemens-Aktien zum vereinbarten Kurs zu kaufen. Diese Verfallstage liegen monatlich oder wöchentlich jeweils auf Freitagen. Dieses Prinzip existiert übrigens nicht nur im Zusammenhang mit der Börse. Auch aus anderen Bereichen kennen wir Optionsgeschäfte. Vergleichbar sind zum Beispiel Vorkaufsrechte auf Immobilien. In diesem Fall erhält man durch Zahlung eines Geldbetrages das Recht, ein Haus zu einem späteren Zeitpunkt kaufen zu dürfen. Oftmals werden vorab sogar fixe Kaufpreise vereinbart. Auch hier kann der Käufer sein Recht ausüben, muss es aber nicht. Der Verkäufer hingegen muss liefern, wenn der Käufer dies verlangt. Er darf sein Haus nicht anderweitig verkaufen und muss bis zum Ende der vereinbarten Frist stillhalten. Deshalb nennt man den Verkäufer einer Option auch *Stillhalter*.

Aktienoptionen gelten zumeist für 100 Aktien. Man spricht hier von einem Kontrakt. Der Deal mit einem Kontrakt ginge deshalb mit Preisen in hundertfacher Höhe des Optionspreises über die Bühne. Optionen auf eine einzige Aktie gibt es nicht. Will man also eine bestimmte Option auf Ford für 2 Dollar kaufen, stehen 200 Dollar auf der Rechnung. Diese 2 Dollar sind jedoch nicht fix. Der Kurs einer Option bewegt sich mit der Kursveränderung des Bezugswertes. Denn je nach dessen Veränderung steigt oder fällt auch der Kurs der Option. Wir erinnern uns, Optionen verfügen jeweils über einen festen Strike, sie sind also an einen bestimmten Aktienkurs gebunden. Deshalb steigt der Wert des Puts, wenn eine Aktie fällt, und gleichzeitig sinkt dann der Wert des Calls. Der Käufer eines Calls hat also dieselbe Erwartung wie der Aktienkäufer: Er geht von einem Kursanstieg aus. Wer dagegen Puts kauft, spekuliert auf einen Kursverfall. Ein logischer Zusammenhang, denn je weiter eine Aktie fällt, desto mehr ist der Put zum unveränderten Strike wert.

Aber wieso kauft oder verkauft der Anleger nicht sofort, und was bezweckt er mit der Option? Nehmen wir an, ich habe Cisco-Aktien für 25 Dollar gekauft und diese Aktien sind in den letzten Wochen stetig gestiegen. Derzeit stehen sie bei 30 Dollar. Wie wäre es, meine Cisco-Aktien in zwei Wochen für 32 Dollar zu verkaufen und knapp 30 Prozent Gewinn einzustreichen? Angesichts des bisherigen Verlaufs wäre dieser neuerliche Anstieg nicht unwahrscheinlich. Also biete ich den Marktteilnehmern die Option, Cisco-Aktien in zwei Wochen für 32 Dollar zu kaufen. Dafür werden 20 Cent fällig. Wer die Option kauft, zahlt also insgesamt 32,20 Dollar für die Aktie in zwei Wochen. Steigt die Aktie in dieser Zeit auf 35 Dollar, nimmt der Käufer sein Kaufrecht wahr und verdient damit 2,80 Dollar pro Aktie gegenüber dem Börsenkurs (3 Dollar Differenz zum Börsenkurs minus 20 Cent Kosten für die Option). Ich hätte dagegen einen Anstieg um weitere 3 Dollar verpasst und muss die Aktie unter dem aktuellen Kurs verkaufen, hätte allerdings die 20 Cent für die Option eingenommen. Fällt die Aktie innerhalb der festgelegten zwei Wochen dagegen auf 25 Dollar, würde der Käufer lediglich 20 Dollar (20 Cent Kosten für die Option) verlieren. Die 5 Dollar Differenz zum Börsenkurs müsste er nicht tragen, schließlich besitzt er nur ein Recht zum Kauf (nicht aber die Pflicht). Niemand würde eine Aktie für 32 Dollar kaufen, wenn der Börsenkurs lediglich 25 beträgt.

Für den Optionskäufer ist das also ein gutes Geschäft, denn er muss meine Aktie nicht kaufen. Er entscheidet, ob er seine Option ausübt oder verfallen lässt. Beim geschilderten Kursverfall würde der Käufer daher auf eine Ausübung verzichten. In meiner Bilanz stehen diese 20 Cent Optionsprämie, meine Cisco-Aktien sind jedoch auch nur noch 25 Dollar wert. Der Rutsch von 30 auf 25 bringt mich daher wieder auf meinen Einstandskurs zurück, ich habe jedoch die 20 Cent Prämie pro Aktie verdient. Weit verbreitet sind Optionen zudem als Absicherungsinstrumente. Gerade institutionelle Anleger kaufen zum Beispiel Put-Optionen (das Recht, die Aktie zu einem festgelegten Preis zu verkaufen) und begrenzen damit die Verlustrisiken ihrer Wertpapiere. Sie schließen auf diese Weise also eine Versicherung ab, um Aktie XY mindestens zum Betrag Z verkaufen zu können. Wir haben es also keinesfalls mit bloß spekulativen Instrumenten zu tun, in der realen Wirtschaft spielen Optionen eine wichtige Rolle beim Risikomanagement. So existieren Optionen nicht nur auf Aktien, es gibt sie auch auf Rohstoffe, Währungen und vieles andere. Nun denken Sie bitte an eine große Rinderfarm, deren Kosten hauptsächlich durch Futter entstehen. Der Farmer wird dankbar sein, wenn er weiß, dass er sein Korn auch in einem halben Jahr zu einem bezahlbaren Preis beziehen kann. Dieses Recht kann er sich mit Optionen kaufen. Allerdings ist es weder bei Rohstoffen noch bei Aktien erforderlich, den Bezugswert tatsächlich kaufen oder verkaufen zu wollen. Wer eine Option kauft oder verkauft, spekuliert oftmals nur auf deren Kursveränderung.

Die Elemente einer Option

Alle Angaben zu den Bedingungen einer Option finden sich in ihrer Bezeichnung. Man spricht auch davon, eine »Option zu schreiben«. Am Beispiel einer Option auf den bekannten Elektroautobauer Tesla möchte ich die Bestandteile erläutern. Warum gerade Tesla? An dessen Optionen lassen sich viele wichtige Punkte sehr gut beschreiben.

Unseren Beispielen liegen Daten zugrunde, die schon ein paar Jahre in der Vergangenheit liegen. Ich möchte Sie nicht mit aktuellen Kursnotierungen in die Irre führen. Es geht um das Prinzip. Die angegebenen Kurse waren damals aktuell. Heute können die Kurse höher oder niedriger sein.

Unsere Beispieloption wird geschrieben als *TSLA Nov 17'14 250 C* – zu beachten ist die abweichende Schreibweise des Datums im Englischen. Von diesem Beispiel abgesehen bleiben wir jedoch bei der deutschen Schreibweise und je nach Broker heißt es sogar *TSLA 17NOV14 250 C*.

TSLA	Nov 17'14	250	C
Underlying	Expiration	Strike	Call oder Put

Der Käufer dieser Option erwirbt das Recht, ein Underlying (100 Tesla-Aktien) bis zu einem Verfallsdatum (Expiration, 17.11.2014) zu einem Ausübungspreis (Strike, 250 Dollar pro Aktie) vom Stillhalter zu kaufen (C).

Der Verkäufer dieser Option hat die Pflicht, dem Optionsinhaber auf dessen Wunsch die 100 TSLA Aktien für 250 pro Aktie zu verkaufen.

Unsere Beispieloption verfiel am 17. November 2014, oftmals fehlt jedoch das genaue Datum und es ist lediglich der Monat bezeichnet. In diesen Fällen handelt es sich um monatliche Optionen, auf Englisch *monthlys*. Deren Verfallstag fällt grundsätzlich auf den dritten Freitag im Monat. Anstatt *JUN19'15* ist also nur *JUN15* aufgelistet. Der dritte Freitag im Juni 2015 fiel auf den 19. des Monats, der Verfallstag aller monatlichen Juni-Optionen befindet sich deshalb an diesem Datum. Weil Optionen eindeutig geschrieben werden, erfordern sie keine WKN, ISIN oder Symbole. Sie sind standardisierte Produkte und durch die enthaltenen Angaben bereits hinreichend definiert.

Dieses Prinzip ist die Grundlage jedes Optionsgeschäftes, und es lohnt sich daher, Bezeichnung und Beschreibung mehrfach zu lesen und zu verinnerlichen. Wer wirklich mit Optionen handeln will, muss diesen Satz im Schlaf beherrschen. Eine gute Übung ist es, auf Grundlage der weiter unten abgebildeten Tabelle einige der darin enthaltenen Optionen zu schreiben und sich zu überlegen, welche Auswirkungen Anstieg oder Fall der Börsenkurse des Basiswerts hätten. Diese Rechenaufgabe mag ein wenig an die Schule erinnern. Doch ist ein Handel mit Optionen nur dann sinnvoll, wenn das grundlegende Wissen über ihre Funktionsweise vorhanden ist und verstanden wurde. Da

Contract	Bid Size	Bid	Ask	Ask Size	Last	Position
TSLA NASDAQ.NMS	1	• 252.70	253.00 •	7	• 253.00	100

Option Chains - TSLA
Strikes Multiple ▾ Last Trading Day Multiple ▾ Exchange SMART ▾ Load My Chains Clear Chains

Call					Description	Put				
Bid	Ask	Last	Change	Impld Vl....		Bid	Ask	Last	Change	Impld Vl....
					▾ JUN 19 '15					
• 5.90	6.30 •	• 6.10	-0.34	30%	247.5	• 0.76	0.84 •	• 0.80	-0.18	34.7%
• 4.00	4.20 •	• 4.28	-0.28	32.9%	250	• 1.35	1.46 •	• 1.38	-0.09	33.1%
• 2.57	2.72 •	• 2.58	-0.38	32.1%	252.5	• 2.30	2.46 •	• 2.35	-0.16	33.8%
• 1.48	1.56 •	• 1.51	-0.37	32%	255	• 3.70	3.95 •	• 3.85	+0.02	32.4%
• 0.81	0.89 •	• 0.90	-0.17	32.7%	257.5	• 5.40	5.80 •	• 5.33	-0.30	34.4%
• 0.46	0.48 •	• 0.47	-0.23	33.1%	260	• 7.50	7.95 •	• 7.40	-0.28	37.6%
• 0.27	0.32 •	• 0.32	-0.18	34.6%	262.5	• 9.05	10.30 •	• c10.07		44.5%
					▾ JUN 26 '15					
• 7.35	7.90 •	• 7.65	-0.28	27.1%	247.5	• 2.34	2.46 •	• 2.37	+0.03	29.4%
• 5.85	6.05 •	• 6.00	-0.35	28.5%	250	• 3.20	3.35 •	• 3.15	-0.05	28.7%
• 4.50	4.70 •	• 4.50	-0.37	27.3%	252.5	• 4.25	4.50 •	• 4.35	-0.01	28.9%
• 3.35	3.55 •	• 3.44	-0.31	27.2%	255	• 5.60	5.85 •	• 5.65	+0.01	28.8%
• 2.46	2.58 •	• 2.66	-0.08	27.4%	257.5	• 7.15	7.50 •	• 7.35	+0.15	29.6%
• 1.77	1.86 •	• 1.90	-0.10	27.6%	260	• 8.80	9.45 •	• c9.11		30.9%
• 1.26	1.33 •	• 1.37	-0.09	27.8%	262.5	• 10.85	11.50 •	• c11.17		30.2%
					▾ JUL 02 '15					
• 9.45	10.40 •	• c9.60		28%	247.5	• 4.30	4.70 •	• c4.12		34%
• 7.95	8.70 •	• c8.27		29.2%	250	• 5.30	5.70 •	• c5.04		33.7%
• 6.70	7.10 •	• 6.82	-0.13	32%	252.5	• 6.45	6.90 •	• c6.09		33.4%
• 5.50	5.80 •	• c5.78		30.4%	255	• 7.75	8.25 •	• c7.39		33.8%
• 4.45	4.90 •	• c4.75		30.5%	257.5	• 9.15	9.75 •	• c9.00		34.7%
• 3.65	4.00 •	• c3.85		31.8%	260	• 10.85	11.45 •	• c10.75		36%
• 2.95	3.40 •	• c3.12		30.6%	262.5	• 12.60	13.50 •	• c12.50		36.3%

Optionen auf Tesla, Quelle: Interactive Brokers

dieses Buch vor allem einen praktischen Nutzen bieten will, stelle ich die verfügbaren Varianten von Optionen an einem Beispiel dar – hier die bereits anhand der oben besprochenen Tesla-Aktie.

Diese Tabelle zeigt einige der am 17.06.2015 um 16:00 MESZ verfügbaren Optionen auf die Tesla-Aktie. (Achtung: Die Tabelle zeigt die Dezimalstellen mit Punkt statt Komma. Wir bleiben hier im Fließtext jedoch bei der deutschen Schreibweise.) Ganz oben lässt sich der aktuelle Aktienkurs ablesen, in diesem Fall 253,00 Dollar. Unter Option Chains werden einige Call- und Put-Optionen zu drei verschiedenen Verfallsdaten angezeigt, zum 19. und 26. Juni sowie zum 2. Juli 2015. Ausgewählt wurden zudem die sieben Strikepreise, die sich um den aktuellen Kurs befinden (247,50 bis 262,50 Dollar). Für jede dieser Optionen werden die aktuellen Börsenkurse angezeigt (bid, ask und letzter Kurs). Diese Preise nennen sich auch Optionsprämien oder, auf Englisch, Market Value. Zudem sehen wir die Veränderung zum Vortagesschlusskurs sowie die Implizite Volatilität. Diese soll uns hier jedoch nicht interessieren. Call-Optionen mit Strikepreis 247,50 Dollar und Laufzeit bis zum 19. Juni 2015 kosteten zuletzt beispielsweise 6,10 Dollar pro Tesla-Aktie, sie sind aber nur im 100er-Pack – als Kontrakt – zu haben. Wer auf »Kaufen« mit Anzahl 1 klickt, zahlt also 610 Dollar. Im Bestand befinden sich dann 100 Optionen, die für 100 Tesla-Aktien gelten. Will man sie ausüben oder wieder verkaufen, geht auch das nur im Kontrakt.

In der abgebildeten Tabelle werden jeweils 7 Strikepreise für drei Verfallsdaten angezeigt. Diese Auswahl ist willkürlich, der Markt bietet weitaus mehr Optionen und ich habe sie nur deshalb begrenzt, um die Übersichtlichkeit zu wahren. Wie groß die Auswahl im Einzelfall ist, hängt vom jeweiligen Bezugswert ab. Für die großen Standardwerte finden sich wöchentliche Optionen oft in 50-Cent-Schritten. Es gibt also Strikepreise beispielsweise zu 40,50 Dollar, 41,00 Dollar 41,50, Dollar, 42,00 Dollar und so weiter. In diesen Fällen sind oft vier bis acht Wochenoptionen verfügbar, dann noch einige weitere Monatsoptionen und zudem diverse Langläufer mit Halbjahresabstand. Zu jeder Aktie existieren daher Hunderte oder gar Tausende von Optionen. Ganz anders sieht es bei den Nebenwerten aus. Oft sind dafür ausschließlich Monatsoptionen erhältlich. Die Abstände zwischen den verfügbaren Strikepreisen liegen zudem mitunter bei 5 Dollar. Noch ein Unterschied zwischen Haupt- und Nebenwerten: Die Spreads bei den Großen liegen meist nur bei wenigen Cent, bei kleinen Firmen belaufen sie sich dagegen sehr schnell auf 10 Prozent des Optionspreises oder mehr. Genau wie bei Aktien müssen wir diese Diskrepanz auch hier einkalkulieren. Wer beispielsweise einen Put aus der Übersicht für 4,50 Dollar kauft, könnte diesen derzeit für 4,25 Dollar wieder verkaufen. Im Depot wird daher sofort ein Verlust von 25 Dollar sichtbar (0,25 x 100). Fällt die Aktie, steigt der Wert Puts und der Käufer macht Gewinn. Steigt sie, verliert der Put dagegen an Wert und der Verlust vergrößert sich.

Zeitwert und echter Wert

Die abgebildete Tesla-Optionskette verdeutlicht ganz unterschiedliche Fakten rund um Optionen: Es sind zwar wöchentliche Optionen verfügbar, der Spread liegt jedoch verhältnismäßig hoch. Zudem lässt sich erkennen, dass das Recht, die Aktie für 247,50 Dollar verkaufen zu dürfen, zuletzt 80 Cent gekostet hat (TSLA Nov15'19 247,5 P). Die Börse zahlt jedoch aktuell 253 Dollar. Rein rechnerisch ist die Option also nichts wert; schließlich würde niemand billiger verkaufen, als er könnte. Wie kommt dieser Preis zustande? Erfolgt die Preisfestsetzung bei Aktien aufgrund von Angebot und Nachfrage, ist die Optionsprämie daneben noch von vielen weiteren Faktoren abhängig. Dazu gehört der Kurs des Basiswertes, die Laufzeit der Option, der Ausübungspreis, die Verzinsung innerhalb der Laufzeit und die Volatilität. Über die Einzelheiten wurden umfangreiche, wissenschaftliche Abhandlungen geschrieben, die dazu dienen sollen, den optimalen Preis für eine Option zu berechnen. Für den Anleger reicht es in der Regel, zu wissen, dass sich die Optionsprämie genau genommen aus zwei Beträgen zusammensetzt:

1. Der innere oder intrinsische Wert
   Berechnet sich aus der Differenz zwischen aktuellem Wert und Strike des Basiswertes. Bei einer Call-Option, deren Basiswert an der Börse aktuell 100 Dollar kostet und die über einen Strike von 90 Dollar verfügt, beträgt der innere Wert 10 Dollar. Diesen Betrag ist die Option derzeit wert, man könnte die Aktie schließlich um 10 Euro billiger kaufen als an der Börse. Eine Put-Option mit denselben Daten verfügt dagegen über einen inneren Wert von 0. Bei einem aktuellen Kurs von 100 Dollar würde niemand für 90 verkaufen.
2. Der Zeitwert
   Je weiter das Ausübungsdatum entfernt ist, desto wahrscheinlicher wird sich der Börsenkurs des Bezugswerts und damit der innere Wert der Option noch ändern. Diese möglichen Gewinne und Verluste schlagen sich im Zeitwert nieder. Dieser umfasst die oben genannten Faktoren wie Zinsniveau und er nimmt vor allem in den letzten Wochen der Laufzeit stark ab. Bei Optionen mit Strike nahe dem aktuellen Kurs ist der Zeitwert in der Regel am höchsten. Logisch, eine Abweichung davon ist am wahrscheinlichsten.

Wieder lässt sich die Berechnung am besten über unser Beispiel erläutern. Nehmen wir wieder an, unser Basiswert kostet 253 Dollar und ein Call mit Strike von 250 Dollar und Laufzeit von knapp einer Woche kostet 4,28 Dollar. Der Call gestattet uns also, um 3 Dollar billiger zu kaufen als an der Börse, und der innere Wert beträgt damit 3 Dollar. Der Zeitwert ist die Differenz zur Optionsprämie, also 1,28 Dollar. Nehmen wir im Gegensatz dazu an, wir kaufen einen Call mit einem Strike von 255 Dollar. Dafür werden aktuell 1,51 Dollar fällig – obwohl niemand eine Aktie zum Kurs von 2 Dollar über dem aktuellen Börsenkurs kaufen würde. Diese Option besitzt überhaupt keinen inneren Wert, sondern lediglich einen Zeitwert von 1,51 Dollar. Dieser kommt zustande, weil viele Akteure mit einem Anstieg der Aktie auf mindestens 255 Dollar innerhalb der verbleibenden Woche rechnen. Nehmen wir an, diese Akteure behalten Recht: Schießt der Kurs auf

260 Dollar, besitzt die Option einen inneren Wert von 5 Dollar plus Zeitwert. Bei Ursprungskosten von 1,51 Dollar also mehr eine Verdreifachung innerhalb weniger Tage. Optionen mit innerem Wert sind übrigens *im Geld* (Englisch: *in the money*), Papiere ohne einen solchen sind *aus dem Geld* (Englisch: *out of the money*) und *am Geld* (Englisch: *at the money*) sind Optionen bezeichnet, deren Strike in etwa dem aktuellen Kurs des Basiswerts entspricht.

Bei Aktien mit hohem Kurspotenzial oder bei langen Laufzeiten kosten Call-Optionen mit einem Strike, der höher ist als der aktuelle Kurs, relativ viel Geld. Sie besitzen keinen intrinsischen Wert, weil jedoch viele Marktteilnehmer von steigenden Kursen ausgehen, produziert der Zeitwert eine Optionsprämie. Analog kosten manche Puts viel Geld, auch wenn der Strike unter dem aktuellen Kurs liegt. Der Preis von Calls und Puts ist ein Indikator für die Volatilität einer Aktie. Hohe Optionsprämien deuten darauf hin, dass die Kurse des jeweiligen Basiswerts sehr stark schwanken und die Marktteilnehmer diese Schwankung einpreisen. Wichtig ist, sich stets zu vergegenwärtigen, dass der Käufer die Prämie für das Optionsrecht in jedem Fall an den Stillhalter zahlen muss – unabhängig davon, ob er sein Recht ausübt oder nicht und ob die Prämie hoch ist oder nicht. Wie so oft im Abschnitt über Optionen folgt nun wieder die Bitte, den intrinsischen Wert und den Zeitwert für einige Beispiele selbst zu berechnen. Nur so erhalten Sie die nötige Sicherheit mit diesen Instrumenten. Sicher werden viele Leser beim Lesen der letzten Absätze auf die Idee gekommen sein, Optionen mit möglichst hohem Zeitwert zu verkaufen und damit die Rendite der eigenen Optionsgeschäfte zu steigern. Damit diese Strategie funktioniert, sollten Sie das Prinzip beherrschen, das hinter dem Optionsverkauf steckt, um die Chancen sowie Risiken jedes Geschäfts im Voraus genau abschätzen zu können.

Die Versicherung

Wie wir gesehen haben, existieren Kaufoptionen (Calls) und Verkaufsoptionen (Puts). Erstere verleihen das Recht, ein Underlying zu kaufen, ein Put dagegen erlaubt den Verkauf – jeweils bis zu einem Verfallsdatum zu einem bestimmten Preis. Wir können mit Optionen daher ganz unterschiedliche Strategien verfolgen und auf jede nur denkbare Kursentwicklung an der Börse spekulieren. Zunächst möchte ich eine mögliche Versicherung beschreiben. Dazu eignen sich Puts. Nehmen wir an, ich bin vom langfristigen Potenzial von Tesla überzeugt und kaufe 1.000 Aktien zum aktuellen Börsenkurs von je 253 Dollar. Weil ich jedoch die Gefahr sehe, der Kurs könnte aufgrund missverständlicher Nachrichten nach der nächsten Pressekonferenz einbrechen, möchte ich mich dagegen absichern. Deshalb kaufe ich 10 Puts (sie repräsentieren 1.000 Aktien) mit einem Strike von 247,50 Dollar. Bis zu diesem Niveau würde mir ein Kursverlust nichts ausmachen. Ich besitze damit das Recht, meine 1.000 Aktien für jeweils 247,50 Dollar verkaufen zu dürfen. Zuvor muss ich noch überlegen, wie lange ich mich absichern will. Wie bei anderen Versicherungen auch, steigt der Preis für diese Absicherung, je länger sie gelten soll. Um die Kosten so gering wie möglich zu halten, wähle ich deshalb den Freitag unmittelbar nach der Pressekonferenz als Verfallsdatum – schließlich kommt eine Reaktion auf Nachrichten meist direkt im Anschluss. Rechts in der Put-Spalte unserer Tabelle lässt sich ablesen, dass die oben beschriebene Absicherung zu 247,50 Dollar bis zum 26. Juni zuletzt 2,37 Dollar gekostet hat. Wie schreiben wir nun diese Option? *TSLA JUN 26'15 247,5 P*. Damit lässt sich auch die Rechnung der beiden Fälle oben komplettieren: Ein Kursrutsch auf 150 Dollar kostet 2,50 + 2,37 = 4,87 Dollar (anstatt 103) und der Anstieg auf 280 Dollar bringt statt 27 nur 24,63 Dollar, schließlich muss ich die gezahlte Optionsprämie abziehen. Diese Rechnung lässt sich also mit jeder üblichen Versicherung vergleichen, bei der ein Selbstbehalt vereinbart wird und die eine gewisse Prämie kostet. Denkbar sind nun wieder die drei Szenarien gleich bleibender, fallender und steigender Kurse.

Drei Möglichkeiten der Kursentwicklung des Basiswerts

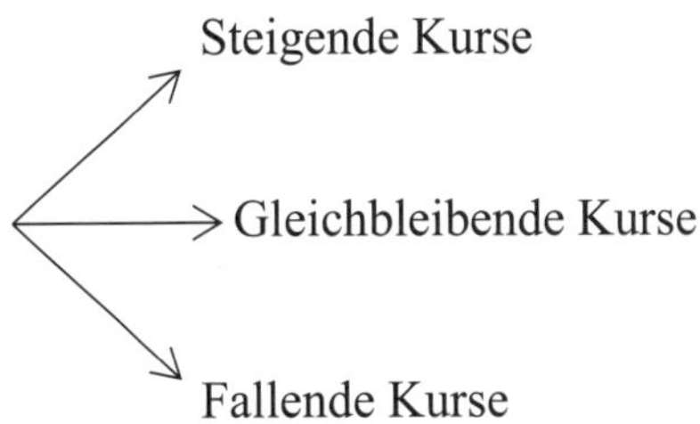

- Der Kurs der Aktie steigt auf 280 Dollar. Dieser Gewinn von 25 Dollar kommt mir zugute, weil ich die Aktien ja nicht für 247,50 Dollar verkaufen muss. Die Optionsprämie für den Put wäre jedoch weg.
- Der Kurs bleibt unverändert bei 253 Dollar. Auch hier wäre die Optionsprämie für den Put verloren, weil ich die Aktien nicht zu 247,50 Dollar verkaufen würde und die Option damit keinen Wert für mich besitzt.
- Der Kurs der Aktie stürzt auf 150 Dollar ab. Ich besitze jedoch das Recht, sie für 247,50 Dollar zu verkaufen und verzeichne damit einen Verlust von nur 2,50 Dollar. Dazu kommt die Optionsprämie von 2,37 Dollar.

Ein Put lohnt sich also dann, wenn der Kurs fällt. Vergleichbar ist dieses Prinzip mit anderen Versicherungen. Optionen erlauben es, sich gegen Kursrückgänge an der Börse zu versichern. Da man die jeweilige Option nicht ausüben muss, könnte man auch die gefallene Aktie behalten und stattdessen die Option mit dem entsprechenden Gewinn wieder verkaufen. Dieser gleicht den Verlust der Aktie aus. Tritt kein Schadensfall ein, ist lediglich die Versicherungsprämie weg. Ob man sich versichert, hängt von der persönlichen Einschätzung ab. Analog zu anderen Märkten bietet auch die Börse Versicherungen aller Art. Allerdings ist der Handel hierzulande eher dürftig – wir erinnern uns an das geringe Handelsvolumen im Vergleich zu anderen Ländern. Optionsstrategien sollten daher auf US-Börsen und auf die dortigen Werte beschränkt bleiben.

> **!** Die 17. Grundregel: Optionen können bei steigenden und fallenden Kursen gewinnen!

Weil die Begriffe oftmals durcheinander geraten, möchte ich zum Abschluss dieses Kapitels auf den Unterschied zwischen Optionen und Optionsscheinen (engl. Warrants) hinweisen. Es handelt sich um zwei Paar Schuhe, man darf sie nicht verwechseln. Die meisten Optionsscheine bündeln oder stückeln Optionen zu einem Wertpapier, das Käufer an der Börse erwerben können. Damit sind die abenteuerlichsten Konstruktionen möglich, man kann beispielsweise auf einen genau abgegrenzten Kursverlauf wetten. Tritt dieser nicht ein, wird der Optionsschein wertlos. Im Gegensatz zu Optionen werden Optionsscheine von einem Emittenten ausgegeben, also von einer Bank oder einem Wertpapierhaus. So gut wie jede Bank bietet sie allen entsprechend erfahrenen Kunden an, wogegen der Optionshandel ein Konto bei einem speziellen Broker erfordert, der den Zugang zu einer Terminbörse gestattet. Wer über ein solches Konto verfügt, kann Optionen kaufen und verkaufen und muss keine Bank sein. Optionsscheine verfallen in ihrer großen Mehrzahl jedoch wertlos, und vor allem der Emittent verdient an ihnen. Für mich bieten sie keine Alternative. Ebenso wie irgendwelche Nachrangpapiere würde ich Optionsscheine niemals kaufen.

Mit Optionen Geld verdienen

Wie bereits erwähnt, kann ich nicht nur Optionen kaufen, ich kann sie auch verkaufen. Diese Strategie ist oftmals sogar deutlich sinnvoller. Sie eignet sich zum Beispiel für wunderbare Aktien. Habe ich beispielsweise für IBM einen realistischen Wert von 150 Dollar berechnet und die Aktie kostet diesen Preis auch an der Börse, könnte ich einen Put mit einem Strikepreis von 145 Dollar verkaufen. Wir erinnern uns, ich verkaufe das Recht, dass der Käufer der Option mir IBM-Aktien für 145 Dollar zu einem späteren Zeitpunkt verkaufen darf. Folgende

Überlegung kann dahinter stecken: Zunächst einmal würde ich die Aktie gerne für 145 Dollar kaufen, schließlich liegt dieser Preis unter meinem Rechenergebnis. Fällt der Kurs bis zum Verfallsdatum der Option tatsächlich unter dieses Niveau, muss ich 145 Dollar zahlen. Auch wenn der Kurs noch weiter absackt weiß ich ja, dass 145 günstig war. Steigt der Kurs jedoch, wird die Option verfallen und ich kassiere nur die Optionsprämie. Bei einem Preis der Option von 2 Dollar für eine Woche Laufzeit nehme ich in jedem Fall zunächst 200 Dollar für den Kontrakt ein.

Wenn Sie beim letzten Absatz nicht hellhörig wurden, haben Sie ein zentrales Prinzip des Optionsverkaufs womöglich überlesen. Sie haben 2 Dollar für etwas kassiert, das verfallen ist. Verfallen heißt, es besitzt keinen Wert mehr und Sie könnten es rechnerisch für 0 Dollar zurückkaufen. Ein Rückkauf ist bei einem Verfall jedoch nicht nötig, die 2 Dollar haben Sie verdient. Nicht viel, denken Sie? Die Aktie kostet 145 Dollar, 2 Dollar wären 1,4 Prozent davon. Und das in unserem Fall bei einer Woche Laufzeit!! Zur Verdeutlichung: Dieses Prinzip lässt sich wöchentlich (oder je nach Aktie monatlich) anwenden und bei einem Prozent Gewinn pro Transaktion kommt im Jahr rechnerisch mehr als 50 Prozent Rendite heraus. Apropos verfallen: Auf das Thema Optionen bin ich durch eine Meldung gestoßen, wonach 80 Prozent aller Calls wertlos verfallen. Also muss zwangsläufig derjenige Geld verdienen, der diese Calls verkauft. So kam ich zum Prinzip, gegebenenfalls Optionen zu verkaufen, anstatt Aktien zu kaufen. Dies ist sinnvoll, wenn man ein wenig Geduld hat – schließlich dauert es bis zum Verfallstag, bis die Transaktion durchgeführt wird – und regelmäßig einige Prozente kassieren will.

Strategie 4: Covered Call

Strategie 4: Covered Call / Renditeerwartung 50 Prozent p. a.

Diese Strategie eignet sich besonders für Depotinhaber, die ohnehin mindestens 100 Aktien eines Unternehmens besitzen und damit zusätzliches Renditepotenzial erschließen möchten. Denn Optionen eignen sich dazu, kurzfristig und regelmäßig kleine Gewinne mit dem Bestand zu erzielen. Das funktioniert unter anderem, indem Call-Optionen auf eigene Aktien verkauft werden. Der Verdienst liegt in der kassierten Optionsprämie und gegebenenfalls im Kursgewinn durch den Aktienverkauf.

Schritt 1: Ich kaufe 100 Aktien eines Unternehmens.

Schritt 2: Ich verkaufe einen Call auf diese Aktie.

Schritt 3: Der Käufer nimmt sein Recht wahr oder nicht.

Der Optionsinhaber – also die Gegenpartei – nimmt sein Recht nicht wahr, wenn der Aktienkurs unter dem Strikepreis liegt. Dann kann er die Aktie ja an der Börse billiger kaufen. Als Gewinn verbuche ich die Optionsprämie, die Aktien bleiben in meinem Depot. Liegt der Aktienkurs dagegen über dem Strikepreis, übt der Optionsinhaber den Call aus und ich muss meine Aktien zum Strikepreis an ihn verkaufen. Der Gewinn liegt in der Differenz von Strikepreis minus Kaufpreis der Aktie plus Optionsprämie. In beiden Fällen springt also ein Gewinn heraus. Und die hohe Gewinnerwartung resultiert aus der Möglichkeit, diese Strategie wöchentlich zu wiederholen. Der Clou: Auch wenn die Kurse verfallen, verdient man Geld mit Prämien.

Der Nachteil besteht darin, dass man größere Kurszuwächse der Aktie verpasst, weil der Optionsinhaber in diesem Fall sein Recht ausübt. Allerdings beinhaltet diese Strategie kaum Risiken, lediglich der Aktienkurs kann fallen. Es ist daher sinnvoll, eine wunderbare Aktie als Underlying zu kaufen, die ohnehin im Depot sein soll.

Das einzige, echte Risiko der Covered-Call-Strategie besteht in einem Absturz der Aktie. Dieser (vorerst virtuelle) Verlust schlägt im Depot zu Buche. Fatal ist also, wenn sich das Unternehmen doch nicht als wunderbar herausstellt. Doch auch hierfür ist eine Lösung denkbar, etwa in Form einer Absicherung gegen Kursstürze. Praktisch besteht diese aus dem Kauf eines langlaufenden Puts, so dass ich in ein oder zwei Jahren das Recht habe, die Aktie zu einem bestimmten Preis zu verkaufen. Allerdings sind diese Puts sehr teuer, wenn der Strike auf dem aktuellen Kursniveau liegt. Wirklich sinnvoll sind daher nur Absicherungen auf einem sehr viel tieferen Niveau, um einem Totalverlust vorzubeugen. Ideal dagegen ist die Covered-Call-Strategie, wenn der Basiswert langsam, aber stetig steigt. Liegt der durchschnittliche Wochengewinn beispielsweise bei drei Prozent, verfügt der ideale Call über einen Strike, der knapp darüber liegt, beispielsweise 5 Prozent höher. Damit ist sichergestellt, dass der Zuwachs der Aktie zu eigenen Gunsten geht und dass jede Woche zusätzlich die Optionsprämie aufs Konto wandert. Steigt die Aktie stärker und nimmt der Optionsinhaber sein Call-Recht wahr, muss ich die Aktie gegebenenfalls teurer nachkaufen. Illustrieren und berechnen lässt sich die Covered-Call-Strategie an einem Beispiel. Nehmen wir dazu den Kauf von Tesla-Aktien plus Verkauf einer passenden Option am 16. Juni 2015.

Aktion	**Preis**
Kauf *TSLA* zu 248,50 $	24.850 $
Verkauf *TSLA JUN 26'15 250 C* zu 3,33 $	- 333 $
Kosten	24.517 $

Möglichkeit 1: Der Call wird ausgeübt. Das geschieht dann, wenn die Tesla-Aktie am 26. Juni 2015 mehr wert ist als 250 Dollar.

Verkauf *TSLA* zu 250 $	25.000 $

Gewinn	**483 $**

Möglichkeit 2: Der Call verfällt. Das geschieht dann, wenn die Tesla-Aktie am 26. Juni 2015 weniger wert ist als 250 Dollar.

Gewinn (Aktienwert bleibt unberücksichtigt)	**333 $**

Bei einem Kaufpreis von knapp 248,50 Dollar liegt der Gewinn von Möglichkeit 1 bei 4,83 Dollar, das entspricht knapp 2 Prozent. Bei Möglichkeit 2 fällt er mit 3,33 Dollar oder zirka 1,3 Prozent geringer aus. Für eineinhalb Wochen ist diese Rendite allerdings gar nicht schlecht, viele andere Anlageformen benötigen dazu ein ganzes Jahr. Leider lassen sich derart hohe Optionsprämien nicht jede Woche und vor allem auch nicht mit jeder Aktie erzielen. Im Durchschnitt werden die Renditen daher eher bei knapp einem Prozent liegen. Doch der Zinseszinseffekt spielt uns in die Tasche: Wer dieses Spiel jede Woche spielt und jeweils 1 Prozent verdient, kommt auf eine Jahresrendite von 66 Prozent. Die angegebene Renditeerwartung von 50 Prozent p. a. geht von einem Wochendurchschnitt von 0,8 Prozent aus. Ungeachtet dieser positiven Rechnung sollten wir die Nachteile der Covered-Call-Strategie nicht vergessen: Fällt die Aktie, befindet sich ein Verlustbringer im Depot. Zudem ist der Gewinn auf 4,83 Dollar (die Summe von Optionsprämie und Kursgewinn) je Aktie beschränkt, auch wenn sie in der Woche kräftig ansteigen sollte. Auch hier gilt wieder: Führen Sie die Berechnung für verschiedene, andere Optionen aus der Tabelle durch und überprüfen Sie Ihre Ergebnisse auf Plausibilität.

Die korrekte Berechnung des zu erwartenden Gewinns ist entscheidend für den Erfolg der Covered-Call-Strategie, und sie bestimmt darüber, welcher Call sinnvoll ist. Zunächst einmal gilt grundsätzlich: Je näher der Strike am aktuellen Börsenkurs liegt, desto höher fällt die Wahrscheinlichkeit aus, dass der Käufer sein Optionsrecht ausübt und die Aktie von uns kauft. Ein nochmaliger Blick auf die Tabelle der am 17.06.2015 verfügbaren Tesla-Optionen zeigt, dass die Optionsprämie bei tiefen Strikepreisen sehr hoch ausfällt.

- **Niedriger Strikepreis**
  Bei einem aktuellen Kurs von 253 Dollar brachte der Call mit Strike 247,50 zuletzt 6,10 Dollar. Nimmt der Optionskäufer sein Recht wahr – was angesichts der kurzen, verbleibenden Laufzeit wahrscheinlich ist – muss der Stillhalter seine Aktien für 247,50 Dollar verkaufen, hat aber selbst 253 Dollar bezahlt und macht damit einen Verlust von 5,50 Dollar. Beim Verkauf des Calls hat er 6,10 Dollar eingenommen und gewinnt insgesamt 60 Cent mit diesem Geschäft. Und prozentual? Einem Investment von 246,90 Dollar (253 - 6,10) steht eine Rendite von 60 Cent gegenüber, also ein mageres Viertelprozent.
- **Hoher Strikepreis**
  Die Optionsprämie für einen Strike von 262,50 Dollar lag zuletzt bei 32 Cent. Dieser Anstieg ist angesichts der verbleibenden zwei Tage eher unwahrscheinlich und der Gewinn damit wohl auf dieses Achtelprozent beschränkt. Steigt die Aktie tatsächlich über 262,50 Dollar, verdient der Stillhalter 9,82 Dollar, also etwas weniger als 5 Prozent.
- **Strikepreis knapp über dem aktuellen Kurs**
  Die Optionsprämie für einen Strike von 255 Dollar lag zuletzt bei 1,51 Dollar, die Chance für den Verfall dürfte bei fifty-fifty liegen. Der *uncalled return* (ohne Ausübung) beträgt also 1,51 Dollar, das entspricht etwa 0,7 Prozent. Der *called return* (bei Ausübung) liegt bei 3,51 Dollar (255 – 253 + 1,51), also knapp bei 1,5 Prozent.

Je nach Strike verändert sich also mein Ertrag, wenn der Optionsinhaber von seinem Recht Gebrauch macht, also die Aktien vom Stillhalter kauft. Bei Strikepreisen nahe dem aktuellen Börsenkurs gleichen sich called und uncalled return an. Wer hier aktiv werden will, sollte sich die unterschiedlichen Möglichkeiten vorab genau berechnen, um die aus Renditesicht optimale Option verkaufen zu können.

Einen genauen Blick ist auch der Spread wert. Bei den abgebildeten Tesla-Optionen ist sehr gut zu sehen, dass *Bid-* und *Ask*-Preise stets eine Differenz aufweisen. Diese ist analog zu Aktien besonders hoch, wenn die Börse geschlossen ist. Wer Optionen ohne Limit kauft, wird in der Regel den teureren *Bid*-Kurs bezahlen, und wer sie verkauft, wird den billigeren *Ask*-Kurs erhalten. Beträgt der Spread nur 1 oder 2 Cent, sollte das kein Problem darstellen. Liegt der Unterschied dagegen bei 10 oder mehr Cent, könnte der Kurs ungünstig ausfallen. Deshalb ist es sinnvoll, zunächst den für die jeweilige Transaktion besseren Preis als Limit zu setzen. In der Regel wird damit kein Partner anbeißen. Doch bietet dieses Vorgehen die Chance, das Limit centweise zu senken oder zu erhöhen – je nachdem, ob ich eine Option kaufe oder verkaufe. Damit lassen sich fast immer bessere Preise erzielen als ohne Limit. Je nach Trading-Strategie bleiben auf diese Weise einige Hundert Euro mehr auf dem Konto pro Jahr. Wir erinnern uns: Die Optionsprämie ist immer mit 100 zu multiplizieren, drei Cent ergeben also drei Euro. Und wer wöchentlich Optionen handelt, kommt am Jahresende auf einen hübschen Mehrertrag.

Die Covered-Call-Strategie eignet sich also besonders gut für Situationen, bei denen der Börsenkurs immer knapp unter dem gewählten Strike verharrt oder sogar sinkt. Dann verfallen die Calls und die Prämie fließt ins eigene Depot. Steigt der Bezugswert, wird mir die Aktie weggenommen und ich müsste sie (teurer) nachkaufen. Das ist in der Regel kein Problem, schließlich lässt sich auch auf dem höheren Einstiegsniveau ein Covered-Call-Spiel treiben. Das treibt jedoch Umsätze und Gebühren in die Höhe. Das lässt sich jedoch vermeiden. Die meisten Leser werden schon ahnen, dass eine ähnliche Strategie auch für steigende Märkte existiert. Diese nennt sich *Short Put* und beruht darauf, anstatt eine Aktie zu kaufen, immer nur den jeweiligen Put zu verkaufen. Wir erinnern uns: Wir verkaufen das Recht, den Bezugswert an uns verkaufen zu dürfen. Dies wird der Optionskäufer jedoch nur dann tun, wenn er von uns einen höheren Preis erhält als an der Börse. Steigt der Aktienkurs, hat der Käufer Pech gehabt und wir haben eine Prämie für ein Recht kassiert, das am Verfallstag ohne

Wert ist. Bei einem steigenden Markt kassieren wir daher immer die Optionsprämie, bekommen jedoch die Aktie nie ins Depot. Das zahlt sich dann aus, wenn die Aktie wieder fällt, wir aber die Optionsprämien bereits vereinnahmt haben. Fällt der Aktienkurs unter den Strikepreis, wird die Option ausgeübt und wir erhalten die Aktie. Ab dann könnte dann wieder das Covered-Call-Spiel starten. *Covered Call* und *Short Put* lassen sich damit als Verwandte bezeichnen – für eher stagnierende und fallende Märkte auf der einen sowie steigende auf der anderen Seite.

Optionspositionen reparieren

Es kommt oft vor, dass sich die Kurse während der Laufzeit einer Option so verändern, dass ihre Parameter nicht mehr zur ursprünglichen Absicht passen. Oder wir haben die Strategie angepasst. Vielleicht wollen wir weder beim Call die Aktie abgeben, noch sie beim Put erhalten. Wir erinnern uns: Bei der Covered-Call-Strategie haben wir den Call *TSLA JUN 26'15 250 C* für 3,33 Dollar verkauft. Wenn dieser Call nicht mehr zu unserer Absicht passt, könnten wir unsere Position ganz einfach reparieren, indem wir ihn vor Ende der Laufzeit zu seinem aktuellen Börsenkurs zurückkaufen. Damit verliert der Käufer sein Recht, und wir behalten die Aktie auch bei einem Kursanstieg auf über 250 Dollar. Allerdings fallen dafür Kosten an, die Aktie ist ja mittlerweile gestiegen, und gestiegen ist damit auch die Optionsprämie – nehmen wir als Beispiel eine Erhöhung an von 3,33 auf 6,85 Dollar. Diese Kosten lassen sich jedoch spürbar vermindern. Einen Call können wir auch *rollen;* das bedeutet, wir können den Strike in Richtung des aktuellen Börsenkurses bewegen. Das Mittel der Wahl ist ein sogenannter *Option Spread,* ein gleichzeitiger Verkauf der alten und Kauf einer neuen Option. Unsere Reparatur erfordert einen diagonalen Spread, der gleichzeitig Strike und Verfallstag verändert. So kaufen wir zunächst die oben genannte *TSLA JUN 26'15 250 C* für 6,85 Dollar zurück. Gleichzeitig verkaufen wir *TSLA JUL 2'15 260 C* für 6,80 Dollar. Insgesamt kostet dieser Spread kaum Geld, im Idealfall entstehen gar keine Kosten. Damit haben wir zwei Fliegen mit einer Klappe geschlagen: Die Wahrscheinlichkeit, dass der Call ausgeübt wird, ist gesunken, und wenn er ausgeübt wird, erhalten wir 10 Dollar mehr pro Aktie.

Wichtig ist, den Strike so zu wählen, dass die Kosten des Kaufs etwa dem Verdienst des Verkaufs entsprechen. Zudem sollte sich dabei der Verfallstag um eine Woche (oder um einen Monat) verschieben. Sinnvoll ist dieses Hochrollen vor allem am Mittwoch vor dem Verfallstag, denn an diesem Tag ist der Zeitwert deutlich geringer als noch am Montag oder Dienstag, und ein problemloser Handel ist gewährleistet. Die Regel heißt: Überprüfe dein Depot am Mittwoch, und wenn sich einige Optionen darin befinden, die wahrscheinlich ausgeübt werden, rolle diese nach Möglichkeit. Wenn der Preis des geeigneten Calls zu hoch liegt und neuerlicher Geldeinsatz erforderlich wäre, bieten sich in der Regel Papiere mit einem späteren Verfallstag an. Zudem steht dem Verlust aus dem Kauf des Calls mit höherem Strike der Gewinn der Aktie entgegen – man muss sie nicht zu billig verkaufen. Der Verlust mit dem Call wird also überkompensiert durch den Gewinn mit der Aktie. Noch ein Wort zum praktischen Vorgehen: Die Plattform von Interactive Brokers bietet eine Funktion *Option Spread*, mit der sich die beiden gleichzeitigen Transaktionen in einen Vorgang zusammenfassen lassen.

Die Risiken von Optionen

Optionen bergen zwar große Gewinnchancen, sie beinhalten jedoch auch erhebliche Risiken. Diese möchte ich an einer Trading-Idee verdeutlichen. Nehmen wir an, ich rechne damit, dass Apple-Aktien in drei Monaten um 20 Dollar steigen. Deshalb kaufe ich Calls mit dem aktuellen Aktienkurs als Strikepreis und gebe dafür insgesamt 50.000 Dollar aus. Ich bin also sehr überzeugt. Kommt es tatsächlich zum erwarteten Anstieg, verteuert sich auch der Call um zirka 12 Dollar. Haben wir nur 5 Dollar dafür bezahlt, werden aus den 50.000 Dollar ganze 120.000 (wir vernachlässigen hier den Zeitwertverlust)! Genau auf diesen Jackpot spekulieren viele Optionskäufer, denn Calls und Puts verteuern sich oftmals um mehr als 100 Prozent. Sinkt jedoch der Aktienkurs unter den Strikepreis, verfällt der Call wertlos. Die gesamten 50.000 Euro sind verloren. Rufen wir uns ins Gedächtnis zurück: 80 Prozent aller Optionen verfallen wertlos. Die Wahrscheinlichkeit eines Verlustes ist damit sehr hoch. Der Zusammenhang zwischen Gewinnchancen und Risiken lässt sich an diesem Beispiel sehr anschaulich verdeutlichen. Doch es geht noch viel schlimmer. Nehmen wir an, alle äußeren Anzeichen inklusive unserer Chartanalyse ergeben, dass der Aktienmarkt eher fallen wird. Eine wunderbare Gelegenheit also, um Calls zu verkaufen, um auch bei fallenden Kursen Geld mit wertlos verfallenden Optionen zu verdienen! Doch leider geschieht genau das Gegenteil: Alle Analysten haben sich geirrt, und es kommt zu einem kräftigen Aufschwung. Und noch besser: Die Aktie, auf die wir Calls verkauft haben, ist Hauptprofiteur der positiven Entwicklung. Anstatt bei 50 Dollar steht sie auf einmal bei 200. Haben wir den Call ehedem aus dem Geld für 5 Dollar verkauft, ist er nun kräftig ins Geld gelaufen und um die 150 wert. Eine Verdreißigfachung, die bei 10 Kontrakten zu folgender Rechnung führt:

Aktion	Preis
Verkauf von zehn Optionen zu jeweils 5 $	5.000 $
Vervierfachung des Aktienkurses	
Rückkauf von zehn Optionen zu jeweils 150 $	150.000 $
Verlust:	145.000 $

So weit wird es in der Realität kaum kommen. Ohne ausreichende Deckung wird der jeweilige Broker einen Margin Call ausführen. Doch bereits Sprünge von 20 Prozent an einem Tag führen zu empfindlichen Verlusten, und derartige Bewegungen haben schon viele Unternehmen gesehen. Dabei muss es sich nicht einmal um spekulative Nebenwerte handeln. Fast jede Aktie birgt diese Gefahr.

! Die 18. Grundregel: Der Verlust von Optionen kann weit über ihrem ursprünglichen Wert liegen!

Aus den Medien bekannt ist das Prinzip der Leerverkäufe: Man verkauft ein Wertpapier, welches man gar nicht besitzt. Mit Hilfe von Optionen ist diese Taktik problemlos durchführbar. Wer einen Call verkauft und den Basiswert nicht besitzt, tut genau das.

Doch möchte ich vor dieser Strategie eindringlich warnen! Die Risiken von Leerverkäufen sind gewaltig. Kein Privatanleger sollte sie eingehen. Denn in diesen Fällen besteht ein unbegrenztes Verlustrisiko. Steigt die Aktie, muss der Stillhalter den kompletten Verlust ausgleichen. In diesem Buch geht es jedoch darum, möglichst sicher zu investieren. Wer Calls verkauft, sollte daher den Basiswert besitzen. Selbstverständlich bestehen auch dann Verlustrisiken. Nur sind diese begrenzt, und man kennt die exakte Höhe des maximalen Verlusts genau. Nur unter diesen Voraussetzungen lässt sich abschätzen, ob die Renditeerwartung das Risiko rechtfertigt und ob der errechnete Maximalverlust vertretbar ist. Zudem unterscheiden sich Hebel und Risiko je nach Option. Je höher der Hebel und damit die Gewinnchance, desto größer ist auch das Verlustrisiko. Solche Geschäfte kann man nur mit »Spielgeld« machen. Wer Geld übrig hat und sich bei einer Trading-Idee sehr sicher ist, verdient überproportional viel. Sinnvoller ist es, ein solches Optionsgeschäft als Ergänzung abzuschließen. Das oben genannte Beispiel lässt sich aufteilen: Ich kaufe Apple-Aktien für 45.000 und Call-Optionen für 5.000 Dollar. Dadurch ist es möglich, vom Kursanstieg zu profitieren, jedoch bei einem Verlust nur 10 Prozent des Gesamtbetrags komplett abschreiben zu müssen.

Einen weiteren Risikofaktor des Optionshandels haben Sie bereits mehrfach kennengelernt: Es existieren unzählige Strategien, und die zugrundeliegenden Berechnungen sind komplex. Deshalb rate ich dringend davon ab, ins kalte Wasser zu springen und einfach ein Depot zu eröffnen, das nötige Geld zu überweisen und loszulegen. Vielmehr erfordern Optionen eine große Sicherheit; man muss ihre Funktionsweise im Schlaf beherrschen. Zudem geschieht es im Eifer des Gefechts sehr schnell, dass man auf Kauf anstatt auf Verkauf klickt, nicht auf den Strike achtet oder sich bei der Anzahl vertut. Daher ist höchste Konzentration angesagt und ebenso viel Disziplin. Vor den Klick auf den Ausführen-Knopf gehört in jedem Fall eine exakte Überprüfung der Order. Steht dort genau das, was beabsichtigt war? Wie hoch ist das Risiko? Verfügt das Depot über eine ausreichende Deckung für dieses Risiko? Wer bislang nur Aktien über einen deutschen Broker gekauft hat, vertraut in der Regel auf eingebaute Sicherheitsmechanismen. Beim Optionshandel über Interactive Brokers oder ähnliche Anbieter fehlt aber dieser doppelte Boden. Dessen muss man sich immer bewusst sein.

Gut beraten ist daher, wer zunächst ein Depot mit Spielgeld eröffnet – die meisten Broker bieten diese Möglichkeit – und damit herumexperimentiert. Nur wer nach 50 oder 100 Trades merkt, dass genau das passiert, was er sich vorab überlegt hatte, ist fit für den echten Handel mit Optionen. Wer dagegen Ergebnisse erhält, mit denen er buchstäblich nicht gerechnet hatte, kommt um weitere Übungsrunden nicht herum. Dieses Vorgehen ermöglicht es auch, Eventualitäten und ungeplante Verläufe durchzuspielen. Denn wer das Rollen erst lernen muss, wenn es soweit ist, wird mit großer Wahrscheinlichkeit teure Fehler machen. Deshalb nochmals die Bitte: Führen Sie die vorgestellten Berechnungen für »Ihre« Wertpapiere und andere Optionsparameter durch. Für die nötigen Rohdaten brauchen Sie übrigens nicht einmal ein Depot, Sie erhalten diese beispielsweise bei Google Finance. Rufen Sie einfach »Ihre« Aktie auf und klicken Sie auf »Option Chain«. Eine Excel-Tabelle genügt, und Sie können Ihre virtuellen Trades bequem durchführen.

Steuern und Börse

Wer an der Börse engagiert ist, schwebt selbstverständlich nicht im luftleeren Raum, er unterliegt den hierzulande geltenden Rahmenbedingungen. Unmittelbar wirksam sind steuerliche Regelungen; an vielen Transaktionen ist der Fiskus direkt beteiligt. Zum Glück können wir jedoch in gewissem Umfang Einfluss darauf nehmen, welche Steuern wir auf unsere Börsengeschäfte zahlen und wie hoch die Steuerlast ausfällt. Auf den folgenden Seiten möchte ich daher die Möglichkeiten der steuerlichen Gestaltung erläutern. Zunächst gilt: Unser Handeln mit Aktien & Co. hängt eng mit unseren persönlichen finanziellen Rahmenbedingungen zusammen, und Gleiches gilt auch für die Höhe der Steuern. Steuerlich optimal ist nur derjenige aufgestellt, der eine umfassende Strategie für seine Finanzen umsetzt. Denn so viel sei schon verraten: 25 Prozent Kapitalertragsteuer und auch die meisten anderen Steuerarten sind nicht gottgegeben. Dass Ausnahmen und Schlupflöcher existieren (müssen), zeigen zahllose Berichte über hochprofitable Unternehmen, die so gut wie keine Steuern zahlen. Selbstverständlich lässt sich ein »kleiner« Aktieninvestor nicht mit einem Multi-Milliarden-Dollar-Konzern vergleichen, doch sind die Rahmenbedingungen für alle gleich. Und seit Beginn meiner Laufbahn als Steuerberater interessiert mich vor allem, diese Möglichkeiten nutzbar zu machen. Damit können wir unsere Steuerquote zwar nicht auf 2 Prozent senken wie manche Großkonzerne, doch es bieten sich genug interessante Chancen zum Sparen. So kann man die eigenen Einkünfte und die Vermögensbildung zum Beispiel in eine Kapitalgesellschaft verlagern. Diese bietet sehr viele Vorteile, die ich in meinem Buch »Steuern steuern« ausführlich beschreibe. An dieser Stelle möchte ich mich auf die Regeln beschränken, die in direktem Zusammenhang mit Börsengeschäften stehen. Dabei ist mir eines sehr wichtig: Alle Strategien rund um das Thema Steuern in diesem Buch sind zu 100 Prozent legal und mehrfach von unterschiedlichen Finanzämtern geprüft. Es geht mir nicht um windige Steuertricks oder gar um Steuerflucht; ich möchte lediglich die bestehenden Regeln zu unseren Gunsten nutzen. So viel zur Vorrede.

Widmen wir uns nun den praktischen Auswirkungen der deutschen Steuervorgaben in puncto Börse. Zunächst einmal sollte niemand vergessen, dass die Steuern unsere Kapitalerträge erheblich dezimieren. Gerade wer häufig kauft und verkauft, leidet unter dem in der Regel automatisch stattfindenden Steuerabzug bei Kapitalerträgen. Die fatale Situation entsteht vor allem deshalb, weil wir Gewinne, wenn wir die üblicherweise geltende Kapitalertragsteuer von 25 Prozent zugrunde legen, nur zu 75 Prozent wieder anlegen können. Der eingangs beschriebene Zinseszinseffekt wird damit gehörig gestutzt oder sogar ins Gegenteil verkehrt. Die Auswirkungen dieser Besteuerung lassen sich mit einem einfachen Beispiel sehr plastisch beleuchten:

	Szenario 1	**Szenario 2**
Anlagesumme	100.000 €	100.000 €
Anlagedauer	40 Jahre	40 Jahre
Zinssatz	6 %	6 %
Abgeltungssteuer	25 %	25 %
Erhebung der Abgeltungssteuer	jährlich	auf den Endbetrag
Ergebnis	**581.636 €***	**771.429 €**

* Bei diesem Beispiel wurde der Sparerfreibetrag nicht berücksichtigt, weil angenommen wurde, dass dieser anderweitig verbraucht wurde. Mit Berücksichtigung des Sparerfreibetrags ist das Ergebnis immer noch dramatisch, wenn auch etwas abgeschwächt.

Ein glattes Drittel mehr kassiert der Fiskus also aufgrund der jährlichen Besteuerung, obwohl sich die übrigen Parameter exakt gleichen. Dieser Effekt hat nichts mit der Höhe des Steuersatzes zu tun, hier zählt allein der Zeitpunkt der Besteuerung. Dramatisch sind die Einbußen auch dann, wenn wir eine Vielzahl von unterjährigen Trades bei deutschen Finanzinstituten durchführen. Jedes Mal wieder greift der Fiskus kräftig zu. Bei unseren Trading-Entscheidungen sollten wir daher steuerliche Aspekte immer im Blick behalten. Wer einen Kursgewinn von 1.000 Euro realisiert, kann nur 750 Euro wieder anlegen. Kleinere Kursdellen von 10 Prozent lohnt es sich daher auszusitzen, der letztlich erzielte Ertrag ist höher, wenn wir keine Kapitalertragsteuer bezahlen. Die saisonalen Muster aus dem Trendkapitel erscheinen vor dem Hintergrund dieser Erkenntnisse in einem ganz anderen Licht. Es lohnt sich, im Einzelfall nachzurechnen, welche steuerlichen Auswirkungen ein Verkauf hätte im Vergleich zu den statistischen, finanziellen Auswirkungen des Aussitzens. Grundsätzlich gilt für die steuerliche Sicht jedoch das Gleiche wie in puncto Gebühren: Je öfter wir handeln, desto größer fallen in der Regel die Abschläge auf die Gewinne aus.

! Die 19. Grundregel: Kein Geschäft ohne Steuern!

Die Kapitalertragssteuer

2009 wurde das System der Besteuerung von Kapitaleinkünften grundlegend geändert. Die Politik wollte einerseits die Abwanderung von Kapital eindämmen, andererseits die geltenden Regeln vereinfachen. Heraus kam der Grundsatz, dass die persönlichen Kapitaleinkünfte nicht mehr mit dem individuellen Steuersatz – 0 bis etwa 45 Prozent – zu versteuern sind, sondern mit der Kapitalertragsteuer (KEst). Diese beträgt ungeachtet der Höhe der Einkünfte immer 25 Prozent. Zwar klingt es erstmal gut, statt maximal 45 nur 25 Prozent zahlen zu müssen, doch gibt es Wermutstropfen. So sind bis auf eine Pauschale keine Werbungskosten mehr ansetzbar, und auch die Spekulationsfrist wurde abgeschafft. Kapitalertragsteuer auf Kursgewinne fällt immer an, egal ob ich ein Papier eine Minute, ein Jahr oder zehn Jahre halte, und sie gilt für alle Einkünfte aus Kapitalvermögen. Darunter fallen zum Beispiel Zinsen, Dividenden oder Wertsteigerungen aus Kursgewinnen. Oft hat der Steuerpflichtige keinen Einfluss auf die Zahlung dieser Steuer. Deutsche Banken und Broker ziehen die 25 Prozent direkt für den Fiskus ein und überweisen nur den Restbetrag auf das Konto. Damit ist die Steuerpflicht auf den realisierten Gewinn abgegolten, die Kapitalertragssteuer ist also eine Spielart der Abgeltungssteuer. Die Finanzinstitute als sogenannte auszahlende Stellen bescheinigen die abgeführten Zahlungen meist jährlich. Auszahlend deshalb, weil sie die fälligen Beträge direkt an den Fiskus auszahlen. Allerdings zeigt meine Beratungspraxis, dass viele Steuerbescheinigungen und damit –zahlungen der Banken noch immer Fehler beinhalten. Das gilt etwa für die Verrechnung mit der Kirchensteuer. Es lohnt daher, genauer nachzurechnen und die Anlage KAP zur Einkommensteuer beim Finanzamt einzureichen. Eine Anlage KAP sollte man zudem deshalb abgeben, weil dann eine sogenannte Günstigerprüfung erfolgen kann. In deren Rahmen prüft das Finanzamt, ob die Veranlagung unter der Kapitalertrag- oder der persönlichen Einkommensteuer günstiger für den jeweiligen Steuerzahler ist. Liegt der persönliche Steuersatz unter dem Abgeltungsteuersatz von 25 Prozent, dann erstattet das Finanzamt die zu viel gezahlte Kapitalertragsteuer. Auch lassen sich Freibeträge wie der Altersentlastungsbetrag nur dann ausnutzen, wenn eine Anlage KAP ausgefüllt wird.

Bislang ging es vor allem um die Situation von Depots bei deutschen Finanzinstituten. Doch gerade aktive Trader nutzen meist angelsächsische Anbieter für ihre Börsengeschäfte. Diese fungieren nicht als auszahlende Stellen und führen die Kapitalertragsteuer deshalb nicht automatisch an den deutschen Fiskus ab. Kursgewinne verbleiben daher auf dem Trading-Konto. Für den nächsten Trade stehen also 100 Prozent des zuvor (im selben Jahr) erwirtschafteten Geldes zur Verfügung. Selbstverständlich fällt die Steuer trotzdem an, doch erst zum Ende des Jahres und damit lässt sich immerhin die unterjährige Dezimierung unserer Gewinne vermeiden. Zudem muss die Zahlung mitunter erst 27 Monate später erfolgen. Und das geht so: Wer im Januar einen Kursgewinn realisiert, muss diesen erst mit seiner Einkommensteuer für das jeweilige Jahr angeben. Fällig ist diese erst im Mai des nächsten Jahres; wer einen Steuerberater in Anspruch nimmt, hat sogar bis Dezember Zeit. Abgebucht wird das Geld oft erst im März oder April des übernächsten Jahres. Achtung: Das Geld muss tatsächlich vorhanden sein. Wer in der Zwischenzeit alles verzockt hat, muss die Steuer für das fragliche Jahr trotzdem bezahlen. Die Verrechnung mit eventuellen Verlusten aus Folgejahren ist nicht möglich. In der Praxis hat es sich deshalb bewährt, die kalkulierten Steuern beiseite zu legen und in eine sichere Anlageform zu stecken. Wer also nicht bei einem deutschen Anbieter handelt, kann durch diese Regelung zumindest unterjährig vom Zinseszinseffekt profitieren und verfügt daher über riesige Vorteile.

Noch ein Wort zur praktischen Durchführung: Die Kapitalertragsteuer wird jährlich fällig. Wer sein Depot bei einem ausländischen Broker führt, ist selbst für seine Steuer verantwortlich. Er muss die Steuererklärung korrekt anfertigen und dem zuständigen Finanzamt alle nötigen Angaben zur Verfügung stellen. Dazu gehören beispielsweise eine Auflistung der getätigten Transaktionen, separat aufgeführte Handelsgebühren oder Depotvergütungen, ebenso die möglicherweise angefallenen Gebühren für Echtzeitkurse. Es genügt also nicht, lediglich den Betrag auf dem Depot am 1. Januar und am 31. Dezember des jeweiligen Veranlagungsjahres zu übermitteln. Entscheidend für den Fiskus ist es zudem, Fremdwährungsgeschäfte zum jeweiligen Kauf- und Verkaufszeitpunkt in Euro umzurechnen. Das gilt beispielsweise, wenn wir an US-Börsen amerikanische Aktien oder Optionen handeln. Diese Geschäfte laufen zwar in Dollar ab, für das Finanzamt sind jedoch die jeweils aktuellen Werte in Euro maßgeblich. Es zählt also, was die Transaktion zum aktuellen Umrechnungskurs in Euro wert ist. Diese Regel bedeutet einerseits, dass die Wechselkursänderungen der Besteuerung unterliegen. Andererseits verkompliziert sie die Berechnung. Jeder Inhaber eines ausländischen Depots muss daher seine Geschäfte sehr genau dokumentieren können. Die Broker bieten dazu jedoch in der Regel entsprechende Reporting-Funktionen an, so dass man nicht jeden Trade einzeln auflisten und umrechnen muss. Darüber hinaus kommt es darauf an, die einzelnen Beträge steuerlich korrekt einzuordnen. Sie oder Ihr Steuerberater müssen also genau wissen, worauf Steuern zu zahlen sind, welche Ausgaben steuermindernd wirken und welche nicht.

Trading im Privatvermögen

In den vorangegangen Zeilen ist schon angeklungen, dass die vorgestellten Regeln der Kapitalertragsteuer vor allem für private Geschäfte gelten. Das heißt: Wer als Einzelperson handelt, muss in der Regel alle Kapitaleinkünfte mit 25 Prozent versteuern. Werbungskosten können nicht geltend gemacht werden. Doch immerhin lassen sich die Einkünfte um eine Pauschale, den sogenannten Sparerpauschbetrag, mindern. Dieser liegt für Einzelpersonen derzeit (Oktober 2017) bei 801 Euro, bei Verheirateten bei 1.602 Euro pro Jahr. Übrigens spielt es keine Rolle, ob tatsächlich Werbungskosten angefallen sind. Dieser Betrag wird immer abgezogen. Strittig ist noch, ob diese Regel Bestand hat. Schließlich existieren viele Kostenarten, die direkt mit dem Wertpapierhandel in Verbindung stehen. Dazu gehören zum Beispiel Beratungsgebühren, Wertpapierkredite oder ein in Anspruch genommener Margin. Vielleicht hat man auch die Hauptversammlung einer Aktiengesellschaft besucht, deren Aktien im eigenen Depot liegen. Weil private Trader diese Kosten nicht geltend machen können, sind Klagen anhängig und Bundesfinanzhof oder sogar das Bundesverfassungsgericht müssen sich noch mit diesem Thema beschäftigen.

Zwei Kostenarten lassen sich dennoch absetzen. So dürfen private Trader die Anschaffungskosten eines Wertpapiers um die Erwerbskosten erhöhen. Außerdem mindern die Veräußerungskosten den

Verkaufserlös. Auf Deutsch: Die zu versteuernden Kapitaleinkünfte berechnen sich aus Verkaufspreis minus Verkaufsgebühren minus Kaufpreis plus Kaufgebühren. Diese Regel gilt jedoch nur für solche Kosten, die in direktem Zusammenhang mit Kauf und Verkauf stehen. Depotgebühren etwa fallen nicht darunter. Es zeigt sich also, dass die Besteuerung keineswegs trivial ist und 25 Prozent nicht einfach 25 Prozent sind. Noch komplizierter wird es, wenn bereits im Ausland Abgeltungs- oder Quellensteuer geflossen ist. Dies geschieht beispielsweise bei Dividendenzahlungen amerikanischer Firmen. Die genaue Formel für diese Steuerberechnung sieht so aus:

KEst = (e – 4q)/(4 + k)

e = Einkünfte
q = anrechenbare, ausländische Quellensteuer
k = Kirchensteuer

Der deutsche Fiskus berücksichtigt also Zahlungen, die im Ausland bereits geleistet wurden, und auch die hiesige Kirchensteuer kommt zum Abzug. Dafür ist es wichtig, zuvor das Formular W8-BEN des US-Finanzministeriums auszufüllen. Dieses fordert alle nötigen Angaben zum Wohnort des jeweiligen Depotinhabers und zeigt, dass es sich um eine Einzelperson und keinen US-Inländer handelt. In der Abwandlung als Formular W8-BEN-E dient es Unternehmen, beispielsweise deutschen GmbHs.

Form **W-8BEN**

(Rev. July 2017)

Department of the Treasury
Internal Revenue Service

Certificate of Foreign Status of Beneficial Owner for United States Tax Withholding and Reporting (Individuals)

▶ For use by individuals. Entities must use Form W-8BEN-E.

▶ Go to *www.irs.gov/FormW8BEN* for instructions and the latest information.

▶ Give this form to the withholding agent or payer. Do not send to the IRS.

OMB No. 1545-1621

Do NOT use this form if:	**Instead, use Form:**
• You are NOT an individual	W-8BEN-E
• You are a U.S. citizen or other U.S. person, including a resident alien individual	W-9
• You are a beneficial owner claiming that income is effectively connected with the conduct of trade or business within the U.S. (other than personal services)	W-8ECI
• You are a beneficial owner who is receiving compensation for personal services performed in the United States	8233 or W-4
• You are a person acting as an intermediary	W-8IMY

Note: If you are resident in a FATCA partner jurisdiction (i.e., a Model 1 IGA jurisdiction with reciprocity), certain tax account information may be provided to your jurisdiction of residence.

Part I Identification of Beneficial Owner (see instructions)

1 Name of individual who is the beneficial owner

2 Country of citizenship

3 Permanent residence address (street, apt. or suite no., or rural route). **Do not use a P.O. box or in-care-of address.**

City or town, state or province. Include postal code where appropriate.

Country

4 Mailing address (if different from above)

City or town, state or province. Include postal code where appropriate.

Country

5 U.S. taxpayer identification number (SSN or ITIN), if required (see instructions)

6 Foreign tax identifying number (see instructions)

7 Reference number(s) (see instructions)

8 Date of birth (MM-DD-YYYY) (see instructions)

Part II Claim of Tax Treaty Benefits (for chapter 3 purposes only) (see instructions)

9 I certify that the beneficial owner is a resident of ____________ within the meaning of the income tax treaty between the United States and that country.

10 **Special rates and conditions** (if applicable—see instructions): The beneficial owner is claiming the provisions of Article and paragraph ____________ of the treaty identified on line 9 above to claim a ____ % rate of withholding on (specify type of income): ____________.

Explain the additional conditions in the Article and paragraph the beneficial owner meets to be eligible for the rate of withholding: ____________

Part III Certification

Under penalties of perjury, I declare that I have examined the information on this form and to the best of my knowledge and belief it is true, correct, and complete. I further certify under penalties of perjury that:

- I am the individual that is the beneficial owner (or am authorized to sign for the individual that is the beneficial owner) of all the income to which this form relates or am using this form to document myself for chapter 4 purposes,
- The person named on line 1 of this form is not a U.S. person,
- The income to which this form relates is:

  (a) not effectively connected with the conduct of a trade or business in the United States,

  (b) effectively connected but is not subject to tax under an applicable income tax treaty, or

  (c) the partner's share of a partnership's effectively connected income,
- The person named on line 1 of this form is a resident of the treaty country listed on line 9 of the form (if any) within the meaning of the income tax treaty between the United States and that country, and
- For broker transactions or barter exchanges, the beneficial owner is an exempt foreign person as defined in the instructions.

  Furthermore, I authorize this form to be provided to any withholding agent that has control, receipt, or custody of the income of which I am the beneficial owner or any withholding agent that can disburse or make payments of the income of which I am the beneficial owner. **I agree that I will submit a new form within 30 days if any certification made on this form becomes incorrect.**

Sign Here ▶

Signature of beneficial owner (or individual authorized to sign for beneficial owner) — Date (MM-DD-YYYY)

Print name of signer — Capacity in which acting (if form is not signed by beneficial owner)

For Paperwork Reduction Act Notice, see separate instructions. Cat. No. 25047Z Form **W-8BEN** (Rev. 7-2017)

Formular W8-BEN des US-Finanzministeriums

Dieses Formular bewirkt, dass man lediglich eine reduzierte, amerikanische Quellensteuer bezahlt. In der Regel liegt diese bei 15 Prozent. Ähnlich kompliziert sind die Regeln für Optionen, ich habe die steuerlichen Auswirkungen in Form einer Tabelle kurz zusammengefasst:

Vorgang	Optionsinhaber	Stillhalter
Optionsprämie	Anschaffungskosten für das Wirtschaftsgut Option	Steuerpflichtige Einnahme
Ausübung (real)	CALL: Optionsprämie erhöht die Anschaffungskosten des Basiswerts. PUT: Optionsprämie absetzbar	Lieferung bzw. Erwerb mit Minderung der Prämie (ist strittig)
Veräußerung/Glattstellung	Steuerpflichtige Veräußerung	Minderung der Stillhalterprämie → Verlustverrechnungstopf
Verfall	Strittig	Keine Auswirkung
Barausgleich	Steuerpfl. Termingeschäft	Minderung der Einnahme

Führt man Transaktionen durch, bei denen die Rechtslage strittig ist, sollte man dies beim Finanzamt angeben. Vielleicht fallen die endgültigen Entscheidungen der Finanzgerichte zu eigenen Gunsten aus.

In den letzten Absätzen ging es hauptsächlich um die steuerlichen Auswirkungen von Gewinnen. Doch was ist, wenn Verluste anfallen? Deutsche, depotführende Institute verrechnen die Verluste mit eventuell existierenden Gewinnen. Bei ausländischen Depots muss der Steuerpflichtige am Ende des Jahres alle Gewinne und Verluste miteinander verrechnen. Zu versteuern ist dann das, was unterm Strich herauskommt. Bleibt ein Verlust für das Gesamtjahr, wird dieser in unbeschränkter Höhe und Zeit auf die Folgejahre vorgetragen – egal ob es sich um deutsche Depots oder um Depots im Ausland handelt. Nicht möglich ist ein Verlustrücktrag. Bereits realisierte Gewinne lassen sich also nicht mit zukünftigen Verlusten verrechnen. Zu beachten gilt es zudem, dass nicht alle Kursverluste gleich sind. So kennt der Fiskus zwei Verlustverrechnungstöpfe. In den speziellen kommen Verluste aus privaten Veräußerungsgeschäften mit Aktien, in den allgemeinen alle anderen. Praktisch heißt dies, dass sich der Verlust aus einem Aktiengeschäft nicht mit Gewinnen etwa aus Währungs-, Options- oder Zinsgeschäften verrechnen lässt. Eine Verrechnung ist zudem nicht möglich mit Gewinnen aus Gewerbe, Vermietung und Verpachtung, Land- und Forstwirtschaft oder anderen Einkunftsarten. Hintergrund: Der Fiskus wollte Haushaltsrisiken bei einem Börsencrash vermeiden. Wo eine Verrechnung von Verlusten mit Gewinnen aus der Geldanlage möglich ist, führen inländische Banken sie automatisch durch. Bei Depots im Ausland obliegt diese Arbeit dem Steuerpflichtigen. Wer den automatischen Übertrag inländischer Broker vermeiden will, muss diesen Wunsch bis zum 15. Dezember des Jahres bei diesem beantragen.

Trading im Firmenvermögen

Es ist schon kurz angeklungen, dass meine übergeordnete Steuerstrategie darauf abzielt, die hohe Einkommensteuerbelastung so weit wie möglich zu vermeiden und stattdessen im Rahmen einer GmbH oder sogar einer Stiftung zu agieren. Denn wer zum Beispiel in einer GmbH handelt, dem bieten sich zahlreiche Vorteile, die private Investoren nicht oder nur sehr begrenzt nutzen können. Zunächst einmal lässt sich frei entscheiden, welcher Teil des Einkommens mit der Einkommensteuer belegt wird und welcher mit Körperschaft- (KSt) und gegebenenfalls Gewerbesteuer (GewSt). Damit bietet sich die Möglichkeit, die verschiedenen Töpfe steuerlich optimal zu füllen. Wer sein Trading in einer speziell dafür gegründeten GmbH durchführt oder in einer ohnehin bestehenden Firma, kann alle Kosten im

Zusammenhang mit seinen Handelsaktivitäten absetzen. Im Gegensatz zum Privatvermögen lässt es das Firmenvermögen zu, beispielsweise Reisen zu Hauptversammlungen, die Teilnahme an Seminaren oder die Prämien bei Stillhaltergeschäften abzusetzen. Eine GmbH kann zudem einen Vermögensschutz bieten. Es ist kein problemloser Durchgriff des Staates auf das Firmenvermögen möglich, wie das bei Privatvermögen der Fall ist.

Die bisher übliche Steuerbegünstigung für Wertpapiergeschäfte in der GmbH wurde vom Gesetzgeber schrittweise abgebaut. Seit 2013 sind Aktiendividenden, die eine GmbH bezahlt, in der Regel steuerpflichtig. Dazu kommen noch weitere Nachteile. Zunächst einmal werden für GmbHs sogenannte Strukturkosten fällig. Zu Buche schlagen beispielsweise Buchführung und Bilanzierung, Veröffentlichungspflichten, Beiträge zur IHK oder Rundfunkgebühren. Selbst wenn eine GmbH keine Aktivität an den Tag legt, kostet sie im günstigsten Fall rund 1.500 Euro pro Jahr – sogar bei Verlusten. Für Trader kommt hinzu, dass die Kursdatenversorgung in der Regel teurer ist, Interactive Brokers zum Beispiel verlangt ein Vielfaches für die sogenannten Pro-Accounts, die Firmen zur Verfügung gestellt bekommen.

Neue Gesetzesänderungen werfen bisherige Besteuerungsregeln über den Haufen. Es ist also wichtig, immer informiert und flexibel zu bleiben bei seinen Geschäften.

! Die 20. Grundregel: Steuern lassen sich steuern!

Die Möglichkeit einer Stiftung klang bereits an. Diese bietet sogar noch weitere Vorteile im Vergleich zu einer GmbH. So unterliegt sie zwar der Körperschaftssteuer, die Gewerbesteuer entfällt jedoch, wenn sie nicht gewerblich tätig ist. Trading gilt in aller Regel nicht als Gewerbe. Die Gesellschaftsform Stiftung steht jedem offen. Sie kann die gleichen Vorteile nutzen wie die GmbH und unterliegt darüber hinaus weniger Pflichten. So sind etwa Buchführung und Bilanzierung nicht nötig. Diese Ausführungen beziehen sich übrigens auf die Form der im Volksmund sogenannten Familienstiftung. Bekannter dürfte die gemeinnützige Stiftung sein. Diese eignet sich in aller Regel jedoch weniger für das Trading. Grundsätzlich gilt jedoch, dass die Gründung einer Stiftung nur im Rahmen einer umfassenden, finanziellen Gesamtstrategie sinnvoll ist. So muss zum Beispiel sehr genau überlegt werden, welche Einnahmen fließen, welche Vermögenswerte vorhanden sind, wie die finanziellen Planungen für die Zukunft aussehen, welche persönlichen und familiären Rahmenbedingungen existieren oder wo finanzielle Mittel nötig sind. Einzukalkulieren ist zudem, welche Zusatzbelastungen Stiftungen oder Kapitalgesellschaften erzeugen. Vor einer Gründung sollten Sie diese mit möglichen Einsparungen vergleichen.

Zusammengefasst lässt sich feststellen, dass die Gestaltungsmöglichkeiten sehr groß sind und auch vielen Menschen ohne großem Vermögen offenstehen. Kompliziert wird die ganze Sache, weil noch immer sehr viele Regelungen strittig sind und sich die Gesetzeslage keineswegs eindeutig präsentiert. Außerdem ändern sich die Regeln alle paar Jahre. Deshalb ist es nach meiner Erfahrung unbedingt nötig, Beratung in Anspruch zu nehmen. Mit diesem Rat möchte ich nicht unbedingt meinen Berufsstand unterstützen, vielmehr geht es mir um Ihr Geld. Denn das Teure am Steuerberater sind die Steuern, die man ohne ihn nicht spart. Und um es nochmals zu betonen: Steuerhinterziehung sollten Sie unbedingt vermeiden! Und als Steuerhinterziehung gelten bereits falsche, unvollständige oder fehlende Angaben– aus welchem Grund auch immer es dazu kam. Deshalb empfehle ich, dem Finanzamt sehr umfangreiche Informationen zur Verfügung zu stellen. Und noch ein Hinweis: Haben Sie bitte keine Angst vor hohen Gewinnen! Viele Menschen hierzulande denken, die Steuer würde ohnehin alles auffressen. Das ist jedoch keineswegs der Fall. Wenn Sie die passende Steuerstrategie verfolgen, kommen Sie auf sehr verträgliche Steuersätze.

Damit sich die vorgestellten Chancen überhaupt bieten und Sie diese optimal nutzen können, empfiehlt es sich, frühzeitig über ein persönliches Finanz- und Steuerkonzept nachzudenken. Frühzeitig deshalb, weil sich getroffene Entscheidungen und bestehende Strukturen oftmals nur sehr schlecht verändern lassen. Vor allem Menschen mit guten Einkommen oder Selbständige verbessern mit der passenden (Firmen-)Struktur ihre finanziellen Rahmenbedingungen sehr deutlich. Und egal, ob es beispielsweise um die Einkünfte aus einem Gewerbebetrieb geht, um den Kauf von Immobilien, um Erträge aus Vermietung und Verpachtung oder eben um Wertpapiere und daraus resultierende Kursgewinne oder Dividenden: Wer Finanzen und Vermögen optimal strukturiert und seine Steuern steuert, unterstützt den Vermögensaufbau spürbar. Allein die steuerliche Ersparnis beläuft sich bei höheren Einkommen schnell auf fünfstellige Summen pro Jahr. Und wer diese klug an der Börse investiert, profitiert doppelt.

Steuerliche Informationen in der Praxis

Wer in einem etwas größeren Umfang handelt oder sich als Trader auf höherem Niveau betätigt, wird dies in der Regel auf einer professionellen – will heißen angelsächsischen – Plattform tun. Dort ist die bereits erwähnte Eigenverantwortlichkeit beim Erstellen von Informationen für den Fiskus gefragt. Da dieses Buch vor allem Ihrer Praxis dienen soll, möchte ich die etwas aufwändige und umständliche Prozedur am bereits bekannten Beispiel von Interactive Brokers kurz erläutern. Dort findet sich im Account Management unter *Berichte / Message Center / Kontoauszüge* ein Menüpunkt »Kontoauszüge anpassen«. Wir wählen einen Namen, bei *Default Sections* und bei den *optionalen Sektionen* setzen wir überall Häkchen, abgesehen vom Punkt »MTM P/L auf Positionen von vorhergehenden Perioden«. Diesen lassen wir leer, weil nicht realisierte Gewinne bei der Steuer derzeit keine Rolle spielen. Ganz wichtig ist übrigens der Punkt »Kapitalflussrechnung (»Statement of Funds«). In der Auswahlliste Gewinn oder Verlust wählen wir »MTM und realisierter Gewinn/Verlust«, *Konto-*

auszugtyp ist »Kontoauszug«. Alles andere ist vorerst egal, und nun können wir abspeichern. Nun finden wir unseren Namen in der Auswahlliste. Sobald wir diesen wählen, lassen sich die weiter nötigen Angaben machen. Zeitraum dürfte in aller Regel das Kalenderjahr sein (»Periode anpassen«), als Format wählen wir PDF und setzen bitte kein Häkchen bei »konsolidiert«. Nun können wir unsere Auswertung aufrufen. Darauf befinden sich alle Zahlen, die für die Steuer von Belang sind. Diese müssen wir nach den oben erläuterten Kriterien berechnen und in unsere Steuererklärung übernehmen. Wer diese Auswertung anfertigt und dem Finanzamt zur Verfügung stellt, gerät gar nicht erst in den Verdacht, etwas verschweigen zu wollen und signalisiert Steuerehrlichkeit. Sollte der Fiskus tatsächlich manche Angaben anders bewerten und beispielweise einzelne geltend gemachte Kosten ablehnen, ist das keine Steuerhinterziehung. Noch ein Punkt: Wer Positionen zum Jahresende nicht auflöst, muss auch diese dokumentieren. Weil das jedoch erheblichen Aufwand verursachen kann, empfehle ich, im Falle vieler Positionen am Jahresende alles glattzustellen. Am 2. Januar kann man dann wieder einsteigen, die niedrigen Gebühren etwa bei IB belasten uns zum Glück nicht sehr.

Literaturtipps

Allgemein für Investoren (nicht nur im Hinblick auf Wertpapiere)

Kahneman, Daniel: Schnelles Denken, langsames Denken, Siedler Verlag 2012

Thaler, Richard H.: The Winner's Curse: Paradoxes and Anomalies of Economic Life, The Free Press 1991

Winterlich, Jörg R.: ErfolgReich mit Immobilien-Investments: Die Kunst, wie Privatinvestoren mit Wohnimmobilien Geld verdienen, Haufe-Lexware 2015

Robbins, Tony: Money – Die 7 einfachen Schritte zur finanziellen Freiheit, FinanzBuch Verlag 2016

O'Shaughnessy, James P.: Die besten Anlagestrategien aller Zeiten: Welche Investment-Methoden wirklich funktionieren, TM Börsenverlag AG 2016

Zu Rebalancing-Strategien

Kommer, Gert: Souverän Investieren mit Indexfonds und ETFs, Campus Verlag 2015

Zur Trendfolgestrategie

Covel, Michael: Trendfolge für Anleger, Börsenbuchverlag 2013

ZUR AKTIENAUSWAHL

Graham, Benjamin: Intelligent Investieren, FinanzBuch Verlag 2013

Ein Standardwerk über das Finden von wunderbaren Aktien, erschienen ursprünglich im Jahr 1949, immer noch das Standardwerk. Achtung: nicht vom dem Umfang von 640 Seiten abschrecken lassen.

ZU OPTIONEN

Hooper, Joseph: Covered Calls and LEAPS – A Wealth Option, Wiley Trading 2009

Rabe, Jens; Skoruppa, Kai: Optionsstrategien für die Praxis: So sichern Sie sich an der Börse ein regelmäßiges Einkommen; Börsenbuchverlag 2012

Über den Autor

Johann C. Köber interessiert es schon seit seiner Kindheit, weshalb der eine Millionär ist und der andere ständig pleite. Nach einem Studium der Wirtschafts- und Sozialwissenschaften eröffnete er sein eigenes Steuerbüro und konzentrierte sich auf strategische Fragen: Wie lässt sich die persönliche Steuer- und Abgabenlast optimal gestalten? Wie wird aus dem gesparten Geld am sichersten ein Vermögen? Neben seiner Steuerberatungstätigkeit führt er Lehrgänge und Workshops zu Steuer- und Finanzthemen durch. Er lebt in der Nähe von Nürnberg. Im *FinanzBuch Verlag* ist auch auch der Bestseller »Steuern steuern« erschienen.

Steuern steuern

Johann C. Köber

Warum bezahlen reiche Menschen und große Unternehmen so wenig Steuern und Abgaben? Und weshalb kassiert der Fiskus bei mittleren Einkommen wie dem Ihren so kräftig? Die Antwort lautet: Die »Großen« steuern ihre Steuern selbst und die »Kleinen« werden gar nicht erst gefragt. Doch auch Sie als Durchschnittsverdiener können Ihren Vermögensaufbau über eine Kapitalgesellschaft wie zum Beispiel eine GmbH organisieren und sich damit Gestaltungsspielraum verschaffen. Johann C. Köber zeigt mithilfe der »Drei-Säulen-Strategie« wie sich Ihre persönliche Steuerlast nachhaltig senken lässt. Das erste Buch, das zeigt: Steuern steuern macht Spaß!

240 Seiten | Hardcover mit Schutzumschlag | 49,99 € (D) | ISBN 978-3-89879-923-2

Finanzielle Intelligenz

Niclas Lahmer

Geld besitzt seine ganz eigenen Regeln und finanziell intelligente Menschen kennen diese Gesetze des Erfolgs. Sie spielen nach den neuen Regeln, während sich der Rest weiterhin nach Althergebrachtem richtet. Niclas Lahmer erläutert anschaulich in seinem Buch, was es bedeutet, finanziell intelligent zu handeln und dabei zu lernen, was die Bildungspolitik jungen Menschen verweigert. Er zeigt neue Wege auf und lehrt, wie finanzielle Chancen entstehen, wie Geld für Sie arbeiten kann und wie Sie finanziell erfolgreich werden. Egal wo Sie gerade in Ihrem Leben stehen, Sie können immer das Ruder herumreißen und durch Ihre Entscheidungen alles verändern.

176 Seiten | Hardcover | 17,99 € (D) | ISBN 978-3-95972-102-8